Ceviche
DO PACÍFICO PARA O MUNDO

ADMINISTRAÇÃO REGIONAL DO SENAC NO ESTADO DE SÃO PAULO

Presidente do Conselho Regional
Abram Szajman

Diretor do Departamento Regional
Luiz Francisco de A. Salgado

Superintendente Universitário e de Desenvolvimento
Luiz Carlos Dourado

EDITORA SENAC SÃO PAULO

Conselho Editorial
Luiz Francisco de A. Salgado
Luiz Carlos Dourado
Darcio Sayad Maia
Lucila Mara Sbrana Sciotti
Luís Américo Tousi Botelho

Gerente/Publisher
Luís Américo Tousi Botelho

Coordenação Editorial/Prospecção
Dolores Crisci Manzano
Ricardo Diana

Comercial
comercial@editorasenacsp.com.br

Administrativo
grupoedsadministrativo@sp.senac.br

Edição de Texto
Isabel Malzoni
Maísa Kawata (coord.)

Preparação de Texto
Isabel Malzoni

Revisão de Texto
Luciana Lima (coord.)
Globaltec Editora Ltda.

Fotos
Rogério Voltan

Projeto Gráfico, Capa e Editoração Eletrônica
Antonio Carlos De Angelis

Impressão e Acabamento
Coan

Proibida a reprodução sem autorização expressa.
Todos os direitos reservados a:
Editora Senac São Paulo
Rua 24 de Maio, 208 — 3º andar
Centro — CEP 01041-000
Caixa Postal 1120 — CEP 01032-970 — São Paulo — SP
Tel. (11) 2187-4450 — Fax (11) 2187-4486
E-mail: editora@sp.senac.br
Home page: http://www.livrariasenac.com.br

© Editora Senac São Paulo, 2013

Dados Internacionais de Catalogação na Publicação (CIP)
(Jeane Passos de Souza – CRB 8ª/6189)

Torres, Dagoberto
    Ceviche : do Pacífico para o mundo / Dagoberto Torres, Patrícia Moll; [apresentação de Lourdes Hernández]; [prefácio de Alex Atala]. – São Paulo: Editora Senac São Paulo, 2013.

    ISBN 978-85-396-0396-1

    1. Culinária latino-americana : Ceviche (Gastronomia) 2. Culinária peruana : Ceviche (Gastronomia) 2. Ceviche (Gastronomia) : Técnicas e receitas I. Moll, Patrícia. II. Hernández, Lourdes. III. Atala, Alex. IV. Título.

13-129s   CDD-641.692
                                                        641.598

Índice para catálogo sistemático:

1. Ceviche (Gastronomia) : Técnicas e receitas   641.692
2. Culinária latino-americana : Ceviche (Gastronomia)   641.598

Ceviche
DO PACÍFICO PARA O MUNDO

DAGOBERTO TORRES
PATRÍCIA MOLL

EDITORA SENAC SÃO PAULO – SÃO PAULO – 2013

Sumário

Nota do editor, 7

Apresentação, 8
Lourdes Hernández

Prefácio, 11
Alex Atala

Dedicatória, 13

Agradecimentos, 15

Minha primeira vez, 16
Dagoberto Torres

Ceviche para brasileiros, 19

Torne-se um cevicheiro!, 34

Manual do cevicheiro, 37
A importância do pré-preparo: passo a passo, 39

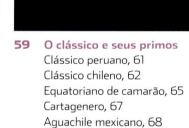

59 O clássico e seus primos
Clássico peruano, 61
Clássico chileno, 62
Equatoriano de camarão, 65
Cartagenero, 67
Aguachile mexicano, 68
Poisson cru, 70

73 Para os marinheiros de primeira viagem
Mandarina, 75
Thai, 76
Del Santo, 79

81 Para os piratas
Tierra y mar, 83
Tigarah, 84
Chifa, 87
Azteca, 88

91 Para uma farra entre amigos
Manjubinhas encevichadas, 93
Macarena, 94
Picadito Playero, 97

99 Para o dia seguinte
Bomba, 101
De la casa, 102
Máncora, 105

107 Para cozinhar e comer a dois
Playa Blanca, 109
La Doncella, 110
Goa, 113
Acandi, 115

117 Para comer chorando
Tiradito Chingón, 119
Kimchi, 120
Guayas, 123

125 Para quem não come cru
Camarones salteados, 127
Torero, 128
Vieiras douradas, 131
Mediterrâneo, 132

137 Ceviche de flores com vinagrete a flor de laranjeira
por Alex Atala

Índice passo a passo, 141
Índice de receitas, 141
Referências bibliográficas, 141
Sobre os autores, 143

Nota do editor

Há pelo menos dois séculos que o ceviche faz parte da culinária da maioria dos países da América Latina, porém não faz muito tempo que desembarcou em terras brasileiras. No início, sua presença era tímida, mas aos poucos conquistou espaço em buffets de festas e restaurantes, servido principalmente como entrada, até virar destaque em cardápios.

No livro *Ceviche: do Pacífico para o mundo*, o chef Dagoberto Torres ensina o passo a passo da pré-preparação desse prato (como limpar e cortar peixe, como cozinhar lula, vôngole, etc.) e apresenta algumas das receitas elaboradas no restaurante Suri Ceviche Bar, tomando todo o cuidado para utilizar ingredientes que podem ser encontrados facilmente pelo leitor brasileiro. Receitas tradicionais do Peru, Chile, Equador, Colômbia, México e, curiosamente, da Polinésia misturam-se com criações e ousadias do chef, provando que o ceviche é um prato versátil e que pode ser feito até mesmo pelo "marinheiro de primeira viagem".

A jornalista Patrícia Moll dá sua pitada ao livro contando um pouco da história e das curiosidades desse prato. O toque final é dado pelo chef Alex Atala, com uma receita que comprova que, quando se tem audácia, a elaboração do ceviche não tem limite.

Esta é uma publicação do Senac São Paulo para todos que desejam aprender a história e as técnicas de preparação do ceviche, desde alunos e profissionais da gastronomia até interessados em provar novos sabores.

Apresentação

Lourdes Hernández

Era de se esperar que com a crescente popularidade do *cebiche* no mundo – cruzada comandada pelos chefs peruanos – começariam a pipocar em São Paulo restaurantes e *cebicherías* oferecendo peixes e frutos do mar cozidos no limão. Acho que passei por todos os que me indicaram, mas foi ao Suri que a vontade me fez voltar uma vez, e outra e outra... O sabor estava ali.

Existem pratos fronteiriços que circulam entre países dançando ao ritmo de cada cultura. O *cebiche* pertence a essa casta. Basta ao país ter um litoral por perto ou um sistema eficaz de transporte e conservação de alimentos, que o resto é apenas conhecimento e talento. Pouca coisa, não é?

Um belo dia conheci o colombiano Dagoberto Torres, o chef do Suri. Se já gostava do restaurante, depois disso virei freguesa. O lugar, com toda a sua formalidade, sumiu de meu imaginário e se transformou na minha *cebichería*, no meu rio, no meu mar. Converti-me sem dor a esse seu sistema de misturas e surpresas. É incrível a dedicação do Dagoberto em experimentar o prato com peixes novos, modestos e raros, frutas, produtos asiáticos, diferentes ardências e, na corda bamba – de onde tantos caem –, com agridoce.

Bendito o dia em que apareceram as *cebicherías* em São Paulo. Adoraria poder comer *cebiche* pela manhã. No México, me acostumei a comê-lo para repor as forças de uma noite difícil, para curar a ressaca ou simplesmente para começar o dia com o pé direito.

Os frutos do mar, possivelmente pelo preço, são considerados comida de domingo ou de férias. Mas não tem regras que não se quebrem. E falando de um prato cuja origem parece estar tão comprometida em tantos mares – e sabemos, sim, que existem mais mares do que navegantes –, os horários e os hábitos para comê-lo sempre nos reservarão alguma surpresa.

Por enquanto, você, querido leitor, tem em suas mãos trinta receitas (e, com sua audácia, poderá chegar a cinquenta), possibilidades não cinza, mas todas elas cheias de cores brilhantes e de sabores. Todas testadas pelo chef Dagoberto Torres, o tal do colombiano. Maravilha, a gente já não vai ter que começar do zero. O livro explica passo a passo tudo o que você queria saber sobre os segredos do *cebiche*. Depois, é só imaginar, virar sereia num mundo de peixes gordos e criar nossos próprios sabores. Leve os ceviches ou *cebiches* ou *seviches* para dentro de sua vida. Divirta-se. Entre no clima. Essa sensação é só o começo da festa.

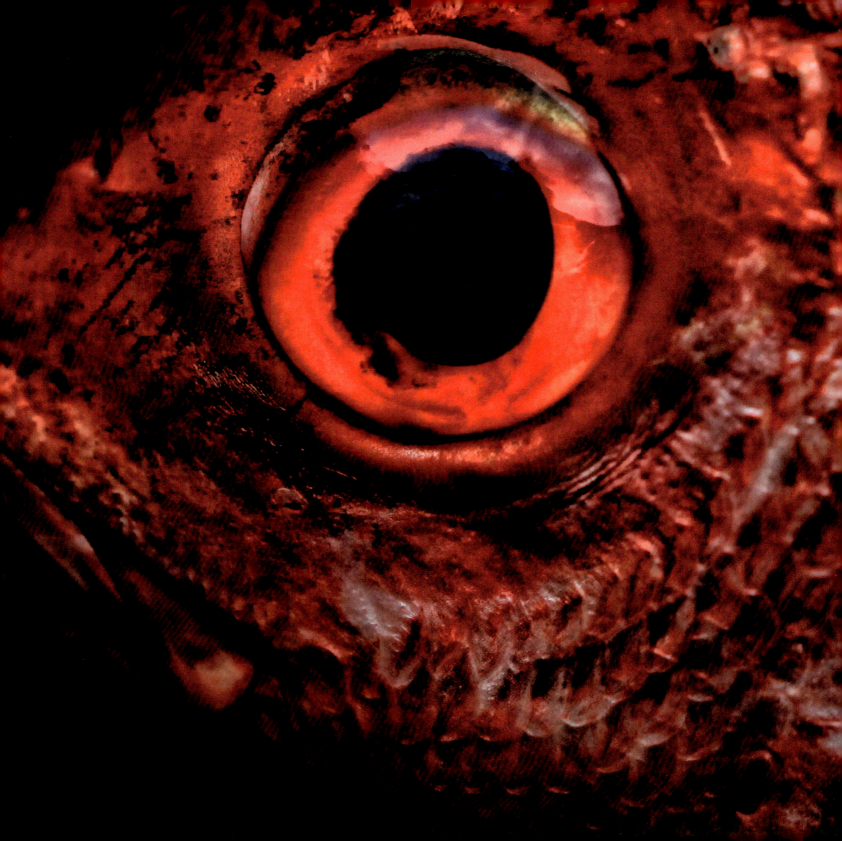

Prefácio

ALEX ATALA

O primeiro ceviche que provei na vida foi feito por um equatoriano, em meados dos anos 1980. Guardei muito aquele sabor e, algum tempo depois, em 2003, fiz um evento em Buenos Aires e conheci uma versão do prato que a mim não tinha ocorrido até então: um ceviche com tomates defumados. Aí eu enlouqueci. Foi o corte transversal, o dia em que olhei para o prato e pensei: dá para fazer de outras maneiras! Frutas poderiam entrar na receita, assim como outros ingredientes também seriam bem--vindos, inclusive os insólitos, como algo quente. Por que não?

Parti para olhar para o ceviche e entender qual era a função de cada um de seus ingredientes. Foi quando descobri que seu ponto forte não era exatamente o peixe usado, mas o resultado que se consegue por meio de seu processo de cozimento no limão, a famosa leite de tigre (a *leche de tigre*). É o limão que cozinha o peixe, arranca seu sabor e vai formar, junto com a cebola, a pimenta e o coentro, um sabor único, um intercâmbio entre todos os ingredientes. Percebi que o segredo de um bom ceviche nascia daí. A leite de tigre que diferencia, por exemplo, um usuzukuri, aquele sashimi temperado, de um ceviche. Então, nas minhas inconformidades, comecei a incorporar o "princípio" leite de tigre ao meu receituário e pensar em como poderia fazer ceviches vegetarianos. Lembrei que o que eu mais gostava em uma salada velha não era ela, mas seu caldo, talvez um parente da leite de tigre, quem sabe uma leite de onça (risos). Essa é a minha "piração", essa coisa de pensar "por que que não pode, quem falou que não pode?" Se eu entender o processo é, sim, possível, basta ajustar alguns detalhes. Aí nasceu o "Ceviche de flores com vinagrete a flor de laranjeira", minha contribuição para este livro.

Hoje eu acredito no ceviche como atemporal. As modas são passageiras, as tradições, não. Ele está passando por uma ebulição, um modismo no

Brasil e no mundo? Fato. Mas creio na atemporalidade do ceviche, apesar da efervescência que acontece agora. Vou explicar isso com um exemplo clássico. Nos anos 1980, só se comia carpaccio no Harry's Bar, em Veneza, onde foi criado, ou em restaurantes finos. Nos anos 1990, somente uma década depois, o prato já estava em todo o mundo. O carpaccio passou por uma efervescência, mas isso não o eliminou do receituário tradicional, só o enalteceu. Para mim, o ceviche passa pelo mesmo processo. Nos anos 1980, ele era recluso a guetos latino-americanos. Neste momento, chefs badalados do mundo todo o preparam. Aí eu me pergunto: isso vai acabar com o ceviche? De jeito nenhum, vai dar vida a ele! Até porque não estamos falando de nada novo, tem um histórico, um antes e um hoje que vão assegurar o amanhã.

É importante lembrar que, apesar de o Peru gritar sua paternidade, o ceviche é consumido em toda a Costa Pacífica da América Latina e aparece na cozinha tradicional que se estende do México ao Chile. É difícil definir exatamente sua origem, é como aquela história do ovo e da galinha.

Posso dizer que, embora já tenha comido ceviches maravilhosos em vários lugares do mundo, não me esqueço dos testes que o Dagoberto fazia na minha cozinha, que me despertavam um interesse enorme e aumentavam o meu flerte com esse universo. A cada prato que saía no restaurante, ele comentava uma nova ideia. No tempo em que ele ficou ali, vivia me pedindo: "chef, posso usar um pouquinho disso?". E eu respondia que sim, que podia, mas que queria provar depois! E ficava olhando e pensando em como eu poderia dar brasilidade à receita. Fato é que um dos ceviches que servimos durante muito tempo no D.O.M era preparado com vieiras, limão, leite de coco e pimenta-de-cheiro, o que não deixou de ser um pouco fruto de vê-lo trabalhar.

Acho que o Dagoberto trouxe para São Paulo um sopro na gastronomia brasileira da melhor representação do ceviche. Com sua maneira simples e recatada de ser, ele foi conquistando amigos, cozinheiros e público. Entusiasmo, força e paixão são as palavras que sempre me lembrarão dele. Seu amor por cozinhar e, principalmente, a animação e a vontade de fazer ceviches eram impressionantes! E, assim, conseguiu elevar o Suri a um patamar de qualidade que, sem ele, não teria sido possível atingir. Eu só posso parabenizá-lo!

AOS NOVOS CEVICHEIROS.

AGRADECIMENTOS

A Bel Malzoni e Maísa Kawata por acreditarem no projeto de dois marinheiros de primeira viagem e serem tão parceiras e brilhantes.

A Rogerio Voltan e Danilo Chumbo "Alemão" por conseguirem traduzir nosso livro em tão belas e surpreendentes imagens.

A Lourdes Hernández Fuentes e Felipe Ehrenberg pela generosidade de compartilhar toda experiência e todo conhecimento conosco, além de ter nos ajudado na produção das fotos e cedido a linda Casa dos Cordeiros.

A Alex Atala e Marcelo Katsuki pela incrível contribuição ao nosso projeto.

Aos sócios do Suri, José Machado, Fernando Carvalho, Mauro Monteiro e Daniel Briso, que apoiaram a ideia desde o início e muito nos incentivaram.

A Lucas Terribili, sócio da Coentro Comunica, pela grande parceira e essencial ajuda na produção das fotos.

A Gustavo Vargas, Luis Vaconcellos e equipe do Suri, Magdalena Torres e equipe da Sabores de Mi Tierra, por terem nos ajudado a "segurar as pontas" durante a produção do livro.

A Luiz Roberto de Andrade Novaes e Beatriz Falasco pelo apoio com o texto.

A Vera Moll Novaes, Marion Cymes, Adriana Cymes, Gisele Gandolfi, Renata Carvalho, Adriana Carvalho, Loja Delá, Da Casa, D. Filipa e Muriqui Cerâmica pelo apoio na produção das fotos.

Ao Consulado do Equador em São Paulo, Consulado do Chile em São Paulo, Ana María Rivero Pérez, Santiago Granda León, Carlos Reyes Medel, Marian Quinones, José Iturriaga de la Fuente, Alejandro Chavez, Enrique J. Partidas Daboin, Angermeyer Point Restaurant, Donde Augusto, El Guatón, Rinconcito Peruano, Veronica Goyzueta, Josimar Melo, Roberta Malta, Daniela Narciso, Hugo Delgado, Kike da Costa, Luiza Fecarotta, Carlos Siffert e Andrea Campos pelo apoio com pesquisa, entrevistas e ideias.

A Felipe Valencia por sua preciosa ajuda na receita "Mediterrâneo"; a Sebastian Zuluaga por sua contribuição em "Tierra y mar" e a todas as pessoas que, de alguma forma, contribuam para o enriquecimento do receituário do nobre ceviche.

Minha primeira vez

DAGOBERTO TORRES

Pelo fato de eu estar à frente de uma cevicheria, as pessoas podem imaginar que eu, colombiano, devo ter crescido dentro de uma. Mas não. Nasci e fui criado em uma pequena cidade do interior da Colômbia, Chaparral, que fica a cerca de setecentos quilômetros do mar, e onde não havia nenhuma casa especializada em ceviches. Meu único contato com o prato foi em alguns jantares e festas familiares. Só fui conhecer um restaurante desse tipo em Bogotá, lá pelos meus 18 anos.

Eu já tinha ouvido falar do poder revigorante do ceviche pela minha família e de seu efeito afrodisíaco nas ruas. Eram umas dez horas da manhã e eu estava saindo de uma daquelas festas que se recusam a acabar. E nossos planos ainda incluíam ir a um churrasco naquela mesma tarde. Então alguém com muito mais amanheceres de experiência teve a ideia de irmos comer ceviche antes de continuarmos a jornada. "Estão vindo de *la rumba*?", perguntou-nos o cevichero. "Sim, e ainda vamos emendar em outra festa", meu amigo respondeu. "Ótimo, então para vocês hoje temos caracol, vôngole e lula, vou fazer um *Levanta-muertos.*" Assim fui recebido naquela pequena cevicheria bem tradicional no centro da cidade.

A casa tinha todas as características mais marcantes das cevicherias típicas, conforme aprendi mais tarde: balcão, ceviche e cerveja! Abria de manhã e fechava no final da tarde. As sugestões do dia ficavam escritas em uma lousa. Nessa casa, em particular, havia um aquário com pequenos caranguejos vivos sobre o balcão e, nas paredes, desenhos de coqueiros, peixes e camarões – tudo para trazer o clima *costeño* para a cidade que fica a 2.600 metros de altitude, onde faz frio o ano todo e a praia mais próxima fica a vinte horas de carro.

Além dos ceviches, eram oferecidos sucos de frutas ditos revitalizantes, como o *borojó*, conhecido por seus poderes afrodisíacos, e plantas supostamente milagrosas, como o ginseng e a unha-de-gato. Quem quisesse ou precisasse de ainda mais vigor, podia adicionar uns dois ou três caranguejos vivos à bebida, daqueles que estavam no aquário, e até, para fechar com chave de ouro, um parzinho de ovos de codorna!

E chegaram nossos ceviches, servidos em copos quase tão grandes como os de milk-shake. Eram uma mistura de peixes e mariscos com bastante pimenta, suco de limão, molho de tomate, cebola roxa, pimentão e coentro. Estavam simplesmente fabulosos. Não sei se foi pelas promessas de salvação do cevicheiro ou pelos reais efeitos daquelas explosivas combinações de ingredientes, o que importa é que seguimos para o churrasco nos sentindo como novos.

Cevicherias seguem ao pé da letra o conceito básico dos restaurantes: restaurar energias, alma e espírito. São lugares alegres, descontraídos e democráticos. Enquanto eu comia e tomava minha cerveja, fiquei reparando na enorme quantidade de pessoas que entravam e saíam de lá. Era gente que vinha direto da noite a fim de recuperar os ânimos antes de voltar para casa, outros que queriam comer algo bem energético para continuar sua festa, e também trabalhadores, como policiais e taxistas, que passavam ali para comer um "combo" de suco e ceviche antes de começarem seu dia.

Essa mistura de pessoas faz das cevicherias tradicionais lugares ainda mais peculiares e interessantes. É claro que hoje em dia é mais difícil encontrar casas assim, já que cevicherias mais modernas e charmosas foram ganhando espaço. Se você tiver o privilégio de achar algum lugar como esse, entre sem pensar duas vezes e mergulhe no mundo do ceviche!

Ceviche para brasileiros

Foi só há cerca de vinte anos que o ceviche chegou ao Brasil, trazido por restaurantes latino-americanos e por chefs que se encantaram com o prato em viagens a outros países da América Latina ou a cidades cosmopolitas, como Londres e Nova Iorque. Suas primeiras aparições no país, além do círculo dos pequenos restaurantes da "comunidade", deram-se em cardápios de buffets de festas e restaurantes sofisticados, servido principalmente como entrada. Mas o ceviche, embora até hoje ainda tenha gosto de novidade por aqui, é um dos pratos mais populares da América Latina, sendo conhecido, preparado e apreciado por pessoas de diversos países e classes sociais e nas mais variadas ocasiões, de festas a lanches da manhã. É uma receita tão poderosa que unifica a região, uma vez que há pelo menos dois séculos faz parte do acervo culinário de todos os países da Costa Pacífica, do Chile ao México, e também de alguns países do continente que não têm acesso à costa ou que dão no Atlântico.

O ceviche, em teoria, é não mais que a técnica de cozimento de peixes e frutos do mar marinados em suco de limão ou de outras frutas cítricas que, por conta da ação cáustica, mudam a textura e a cor desses alimentos. É um hábito temperá-lo com pimentas.[1] Partindo desse processo, existem tantas variações do prato como cozinheiros fazendo ceviches pelo mundo. Na América Latina, são encontradas múltiplas versões da receita, adaptadas aos ingredientes locais e ao gosto pessoal dos cozinheiros, chefs e donas de casa. Mudam-se os peixes e os frutos do mar, as pimentas – em tipos e em quantidades –, as frutas cítricas, o tipo e o corte da cebola, os temperos e os acompanhamentos, além do tempo de cozimento. No Chile,

---

1   Aliás, no Brasil, a palavra "pimenta" refere-se tanto à pimenta-do-reino como às pimentas do gênero *Capsicum*. Apesar do nome, elas não têm qualquer relação botânica. As pimentas do gênero *Capsicum* são chamadas de *chiles* no México e de *ají* nos demais países da América hispânica.

por exemplo, o ceviche pode passar a noite marinando na geladeira, enquanto na Colômbia ele é servido assim que pronto, contando com apenas alguns minutos de cocção. No Peru, a receita é quase sempre a mesma e não são aceitas muitas variações. Em outros lugares, no entanto, há quem prefira não seguir receitas, encontrando o equilíbrio entre os ingredientes como fruto do momento, do desejo e da inspiração.

O Brasil demorou a descobrir e a se apaixonar pelo ceviche, o que é de se estranhar, já que tudo aqui é propício ao encantamento por esse prato: o clima, a criatividade, a descontração e, principalmente, a abundância de ingredientes perfeitos para elaborar e até inovar as receitas (veja a receita "Ceviche de flores com vinagrete a flor de laranjeira", do chef Alex Atala na p. 135; ela é um exemplo do potencial de inovação e incorporação do ceviche). A vasta costa marítima brasileira possui uma invejável quantidade de peixes e frutos do mar, temos grande variedade de pimentas e outros temperos e, claro, muitos tipos de limão e frutas cítricas. Um dos motivos pelos quais essa demora possa ter se dado é, infeliz e simplesmente, a distância entre o Brasil e o Pacífico, principal via pela qual o ceviche se difundiu.

Ao mudar-se para São Paulo e abrir seu restaurante, o chef Dagoberto Torres tinha a missão de demonstrar o potencial desse prato em se desdobrar em vários outros, cada um com seu sotaque específico (não somente o peruano, que é ainda o mais conhecido). Por ser colombiano, ele podia permitir-se ter essa "licença poética", uma vez que em seu país existem várias versões do ceviche, que é tratado de maneira mais despretensiosa do que no Peru, o país que reivindica para si a origem do prato. Com a conserva coreana kimchi, mostarda de Dijon ou curry, Dagoberto foi, aos poucos, mostrando que as possibilidades para o ceviche são infinitas.

FILHO DE PEIXE, PEIXINHO É!

No Peru, tal ousadia provavelmente não seria bem-vinda. Lá, o ceviche é mais do que o prato nacional: ele foi tombado como patrimônio cultural, em 2004, e tem até mesmo data comemorativa, 28 de julho (veja a receita "Clássico peruano" na p. 59). Nesse país o ceviche é virtualmente um só (e até hoje acredita-se que esta seja a receita original), leva essencialmente peixe branco, limão, pimentas e cebola roxa e é acompanhado por milho e batata-doce cozida.

De fato, o Peru foi o único país a investir em pesquisas históricas, antropológicas e sociológicas sobre o ceviche que resultaram na descoberta dos primeiros registros sobre o prato na literatura, que são poucos e imprecisos. As primeiras menções ao ceviche (ao nome, não à técnica de marinar o peixe em sucos cítricos) datam do começo do século XIX, já no início do estabelecimento da República. Um exemplo é a canção peruana "La Chicha", escrita em 1820 por José Bernardo Alcedo e José de la Torre Ugarte (autores também do hino nacional do país) e cantada pelos soldados, cuja letra diz: "El cebiche venga, la guantia enseguida, que también convida y excita a beber" ("Tragam o ceviche, o cozido em seguida, que também convida e estimula a beber").

As referências ao prato não se encontram apenas na cultura popular, embora haja indícios de que tenha surgido entre o povo. No relato do escritor e advogado peruano Manuel Atanasio Fuentes (1867, p. 54), ele é descrito na seguinte maneira:

> As comidas eminentemente nacionais são as picantes, que com tanto prazer saboreia a plebe, sem que seu consumo, entretanto, se limite a este círculo [...] A comida picante mais picante de todas,

> certamente, é o seviche [...] Consiste em pedaços miúdos de peixe ou camarão preparados com suco de laranja azeda, muito ají e sal; reserva-se o preparo por muitas horas até que o peixe fique impregnado de ají e esteja quase cozido pela ação cáustica deste e pela acidez da laranja.

O historiador francês Jean Decola, em um livro sobre o Peru dos séculos XVIII e XIX (1962, p. 52) também cita o ceviche. Apesar de este registro ser o único que pode datar do século XVIII, não dá para saber exatamente se o relato é desse século ou do seguinte:

> Gostam também de comidas, talvez menos nutritivas, mas mais temperadas, que chamam picantes, à base de ajíes. Entre estes pratos muito temperados, mencionaremos o ajiaco, mistura de carne, escabeche e ají, e o cebiche, peixe fresco e cru cortado em pedacinhos e posto em marinação várias horas em suco de limão verde. Este último prato se come com cebola crua cortada em pequenas lâminas, ají e milho cozido.

Todas as referências anteriormente citadas são bastante conhecidas no Peru, presentes em quase todos os livros sobre ceviche – aliás, os livros peruanos são, até hoje, a grande maioria das referências sobre o prato – e apontam para a confirmação de que foi ali de fato que ele surgiu. Mas será que o Peru é realmente o país de origem do ceviche?

Não é todo mundo que concorda com a alegada paternidade – algumas pessoas que não são peruanas, é claro – por causa da ausência de dados históricos que confirmem isso ou até mesmo em razão do contexto em que se encaixam as "provas". No início do século XIX, os países latino-americanos estavam em pleno processo de independência e só começavam a se

estabelecer. Ou seja, o Peru que conhecemos não existia, assim como os seus vizinhos, porque antes desse período não havia fronteiras na grande colônia espanhola, e o espírito de nação apenas aflorava. Portanto, como falar que foi a cultura peruana que deu origem ao ceviche? Há quem diga que ele possa ser de outros países da América Latina, ou até mesmo árabe ou asiático (falaremos sobre essas coincidências culinárias mais adiante, no boxe "Do lado de lá", na p. 27).

A maior resistência de conceder ao Peru o título de "país do ceviche", no entanto, provavelmente não esteja baseada em nada disso. Ao viajar pela região costeira do Pacífico e conversar com os habitantes locais, é possível encontrar muitas pessoas que afirmem que o ceviche foi criado ali, seja o país, a cidade ou o vilarejo que for, e vão além: juram, de pés juntos, que o prato foi inventado por sua família, reflexo do tamanho e da intensidade do apego emocional que se tem ao ceviche.

Independentemente do país de origem e do momento exato em que se nomeou o prato, é sabido que anteriormente à colonização já se comiam peixes crus temperados com ají na região que depois viria a se tornar o Peru (é provável que isso seja verdade em toda a costa, mas aqui estamos falando de fatos comprovados). Os peixes crus eram consumidos, pelos antigos nativos, recém-pescados, muitas vezes ainda vivos, logo após ou ainda em meio à pescaria, um hábito que se mantém em boa parte das comunidades pesqueiras de toda a costa do Pacífico. O ají era usado para dar sabor e conservar o peixe, embora não seja capaz de cozinhá-lo. É bem possível que com a chegada dos espanhóis, no século XVI, os peixes crus tenham começado a ser marinados em sucos cítricos. Foram eles que trouxeram em seus navios o limão e a *naranja agria*, ou laranja azeda, assim como a cebola, outro ingrediente essencial ao ceviche.

Há quem afirme que o ceviche é anterior à colonização e remonte ao Peru antigo. Nessa época, ele seria preparado com o suco de *tumbo*, uma fruta ácida da família do maracujá, ou com *chicha*, bebida fermentada feita à base de milho. Mas isso é apenas uma teoria; não há registros precisos que a comprovem, e é só depois da chegada dos espanhóis que se pode falar da técnica da elaboração do ceviche, ou seja, peixes crus marinados em sucos cítricos.

Uma das versões sobre a origem do prato é de que ele teria sido preparado pela primeira vez por escravas mouras, amas de casa ou concubinas dos colonizadores. Elas teriam misturado ao peixe cru, já muito consumido pelos pré-hispânicos, o limão, que veio da Europa, num processo semelhante ao preparo do escabeche, prato de origem árabe de peixe marinado com vinagre e cebola.

Outra possibilidade é de que teria sido dos marinheiros espanhóis ou dos piratas ingleses – que se alimentavam de peixes frescos – a ideia de marinar os peixes em cítricos, uma vez que eles traziam quantidades enormes de limão a bordo para combater o escorbuto, doença muito comum na época. De qualquer maneira, tudo leva a crer que na América se tenha começado a conservar peixes com cítricos muito antes de o prato ganhar o nome de ceviche, resultado da busca natural por maneiras de preservar os alimentos e que, nesse caso, os nativos se beneficiaram dos costumes e práticas espanholas provenientes dos séculos em que a Espanha foi colonizada pelos mouros.

COME-SE E ESCREVE-SE COMO QUER

A grafia de ceviche é tão cheia de controvérsias e versões – algumas até bem divertidas – quanto as teorias sobre sua origem. Em diferentes épocas e lugares, as pessoas escrevem ou escreveram o nome de formas variadas: *ceviche, cebiche, seviche, sebiche*. As diferentes grafias foram possibilitadas pela pronúncia, que é a mesma – *v* e *b* – que, assim como *s* e *c*, têm o mesmo som em espanhol.

Com a intenção de padronizar a palavra, o Instituto Nacional de Cultura determinou que a grafia correta seria *seviche*. Essa decisão baseou-se em uma das teorias de seu surgimento: teria vindo da palavra árabe *sibech*, traduzida como comida ácida, que era consumida pelas escravas mouras que acompanharam os espanhóis na colonização de parte do continente americano. O vocábulo seria derivado de *escabeche*, peixe curtido com vinagre e cebola, que na América ganhou a substituição do vinagre pelo limão. A resolução do Instituto, no entanto, não se disseminou. A edição mais recente do Dicionário da Real Academia Espanhola escolheu a grafia *cebiche* e considerou as demais como variantes gráficas. Em todos os livros peruanos pesquisados, a grafia adotada foi *cebiche*, com *c* e *b*, que é como se escrevia em dicionários antigos do país. A razão para a padronização da grafia, determinada pelo Instituto, ter sido tão rebatida é a quase ausência de documentos que provem que a palavra era escrita dessa forma.

Uma das teorias que explicam a grafia com *c* e *b* é de que a palavra seria resultado da união dos vocábulos *cebo* (isca, em espanhol) com *viche* (tenro, na língua *chibcha*, falada do Panamá ao norte do Peru), uma possível referência ao fato de os peixes usados serem frescos e macios. Apontando para essa mesma grafia, outra versão é a de que a palavra seria uma corruptela de peixe *encebollado* com limão, e daí *encebichado*, ou *cebolliche*, e logo, *cebiche*. Essa teoria é menos popular por ser pouco plausível: no ceviche, a grande estrela do prato é o peixe, e não a cebola.

Existem também histórias folclóricas e mais divertidas, como a de que os piratas ingleses, com fome, comiam apressadamente o peixe ainda cru na praia; cebiche teria surgido da união de *sea* (mar, em inglês), com *beach* (praia). Ou então que um inglês teria chegado à costa do Pacífico, visto um nativo se deliciando por pedaços de peixe e pedido para experimentar o prato. De tão apimentado que era, ele exclamou: *son of a bitch,* que virou sebiche na boca dos nativos!

Quanto à polêmica do *b* ou *v*, tem a piada da menina que pergunta a um nativo como é que se escrevia ceviche corretamente. Ele responde: "Depende do peixe. Se o peixe é bonito, se escreve com *b*. Se for corvina, se escreve com *v*!".

A verdade é que cada cozinheiro escreve como tem vontade e que a grafia não muda em nada a essência, o sabor ou a importância do prato. Neste livro, escolhemos a grafia *ceviche* por ser a mais utilizada na Colômbia.

FESTEIRO, REPARADOR E AFRODISÍACO

Por ter sido da beira da praia que ele se espalhou pela cultura latino-americana, quando os pescadores voltavam com os peixes fresquíssimos, o ceviche tem espírito diurno. A princípio, era preparado para levantar os ânimos e dar energia para continuar o trabalho. Comia-se o ceviche logo cedo, como desjejum ou lanche da manhã, ou no almoço, como entrada ou prato principal, mas raramente à noite. Até os dias atuais ele é associado ao ar livre e ao calor, tanto que as cevicherias mais tradicionais ainda fecham com o pôr do sol. Mas, desde os anos 1980, com o desenvolvimento

Do lado de lá

Na outra costa do oceano Pacífico, encontram-se pratos típicos que compartilham da mesma técnica do ceviche. Na Polinésia, é tradicional o Poisson Cru, feito com peixe marinado com limão, leite de coco, cebola, alho, cenoura e pepino. As Ilhas Fiji também têm sua versão, o Kokoda, preparado com peixe cru, limão, creme de coco, cebola picada, pimenta e tomate em rodelas. Parece primo do ceviche, também, o Kinilaw filipino, preparado com peixe cru marinado com calamansi, um limão local, ou vinagre, além de gengibre, cebola, alho, pimenta e pimentão. Já no Havaí há um prato típico chamado Poke, feito com atum (às vezes outros peixes) marinado com óleo de gergelim, sal, pimenta e algas marinhas, ou então com vinagre, tomate, cebola e molho de soja. Também é possível encontrar peixes e frutos do mar consumidos crus ou marinados com cítricos ou vinagre na Tailândia, no Japão, na China e na Coreia.

É divino

O ceviche é tão importante para o Peru – e tão gostoso – que há até quem afirme que o prato é "um dom de Deus" concedido ao país. A crença é de um grupo de peruanos messiânicos, divulgada pelo autor Victor Manuel Gonzalés Romero (2007, p. 17).

> Tratarei de demonstrar que, efetivamente, o ceviche é um dom de Deus ao Peru, e que em sua íntima conformação, assim como no desenvolvimento processual de sua criação, existe manifestada, e por vezes oculta, nada mais e nada menos que a pegada trinitária de Deus no mundo... Veremos mais para frente que efetivamente no ceviche existe, ainda que você não acredite, uma incrível, mas reconfortante metafísica [...].

O autor afirma que o prato nasceu em Piúra, região peruana onde teriam sido cultivados os primeiros limões trazidos pelos colonizadores. Foi lá também, segundo Romero, que nasceu o molho de cebolas com óleo e ají que seria agregado ao peixe cru para preparar o ceviche. E, por fim, a Bahía de Bayovar, em Piúra, seria o melhor lugar para a pesca no Peru. Apesar da pouca modéstia dessa teoria, Romero não é o único a acreditar que o ceviche nasceu em Piúra.

do turismo na América Latina e com a descoberta do prato por parte de grandes cozinheiros internacionais, o ceviche começou a ganhar espaço na noite boêmia. E não é que caiu muito bem? O poder energizante atribuído ao ceviche não está associado somente ao trabalho. Boa parte de sua popularidade e de seu sucesso vêm da combinação de seus ingredientes, os peixes e os frutos do mar, que são considerados afrodisíacos. Para se ter uma ideia, no Peru, o caldo do cozimento do ceviche é chamado de leite de tigre. Segundo as lendas locais, quem toma esse caldo ganha a força do animal que representa virilidade. Combine isso ao sal, que estimula o apetite, e às pimentas, que levam à produção de endorfinas e provocam sensação de prazer. Não é à toa que o ceviche tem fama de fazer as pessoas sorrirem sem aparente razão.

Principalmente nos fins de semana e logo pela manhã, as cevicherias são pontos de encontro de pessoas que saem direto de festas e "baladas" para curar a ressaca e comentar as lembranças e não lembranças da noite anterior. O *cevichito* é considerado essencial num momento como esse. Mas o poder reparador não é sua única particularidade: o ceviche também é prato de festa e comemorações especiais. Ele faz parte do imaginário e da memória gustativa de quem vive na longa costa da América Latina do Pacífico, sendo lembrado com carinho e desejo. No Peru, ainda se consome o prato no dia a dia, tanto em casa como na rua, onde é encontrado em mercados e barraquinhas.

Por ser necessariamente preparado na hora, com o que há de mais fresco, o ceviche tem ainda muito de improviso e por isso é ágil, decidido, destemido e ousado. Sem falar que, apesar de ser uma técnica tão antiga, representa tudo que é mais valorizado atualmente: retorno para a cozinha simples, alimentação saudável e extremamente fresca, sem interferências, praticamente do mar à mesa. Por último, mas não menos importante, é preciso dizer ainda que o ceviche é surpreendente: de uma receita marinheira e popular, converteu-se em prato aprovado pelos paladares mais exigentes e adorado em todas as classes sociais. O ceviche é simplesmente elegante.

SEDUTOR E CONQUISTADOR

Foi provavelmente nos balneários frequentados pela elite que o ceviche tornou-se conhecido para além dos vilarejos de pescadores e, a partir dali, começou a ser visto em mesas cada vez mais refinadas – e, em alguns lugares, talvez com um pouquinho menos ají do que o original.

Durante a imigração japonesa para o Peru, o tempo de cozimento do peixe nos cítricos foi naturalmente ficando menor. Antes, deixava-se o pescado repousado no limão por horas, por medo de ele não estar tão fresco e causar algum mal à saúde. Foi só nas décadas de 1980 e 1990 que se tornou mais comum preparar o ceviche no momento de servir; isso aconteceu primeiro em Lima e, aos poucos, foi ganhando adeptos no resto do mundo. Atualmente, já se sabe que o repouso de alguns minutos no suco de limão ou de outros cítricos é mais que suficiente para cozinhá-lo, mantendo a textura e a consistência firme do peixe. Há quem prefira ainda preparar previamente a leite de tigre e incorporá-la ao ceviche na hora de servir, garantindo a melhor textura, sem perder o sabor acentuado do caldo de cocção.

Foi esse ceviche apimentado e quase cru que encantou grandes chefs e, principalmente, os consumidores dos países fora da América Latina. Cozinheiros estrelados, como o japonês radicado nos Estados Unidos

Nobu Matsuhisa e o francês Alain Ducasse, têm versões do prato. E a própria cozinha peruana começou a ser mais aceita – e até requisitada – na Europa, nos Estados Unidos e nos demais países latino-americanos, em grande parte devido à contribuição do chef peruano Gastón Acurio, que atualmente tem filiais do restaurante La Mar em Nova Iorque, em São Francisco, na Cidade do Panamá e em São Paulo (além da matriz em Lima). Seu outro restaurante, o Astrid y Gastón, eleito em 2013 o 14º melhor do mundo pela revista britânica *Restaurant*, já chegou a Madri, ao México e ao Chile, por exemplo. O também prestigiado chef peruano Rafael Osterling, do Rafael, de Lima, levou seu restaurante para Bogotá e abrirá uma filial em Buenos Aires. O chef peruano Virgílio Martinez, do restaurante Central, em Lima, também contribuiu com esse processo ao abrir em Londres o Lima, em 2012.

No Brasil, o prato demorou mais a chegar e ficar conhecido do que em alguns outros países da América do Norte e da Europa. Um dos primeiros restaurantes peruanos a ser aberto aqui foi o Wanchako, inaugurado em Maceió, em 1996, pela chef brasileira Simone Bert e por seu marido, o peruano José Luiz Bert. Em 1997, surgiu o El Guaton, em São Paulo, um restaurante chileno que sempre teve o ceviche em seu menu, mas que viu o prato se tornar o mais pedido há poucos anos. Em 2004, no Rio de Janeiro, o Intihuasi começou a apresentar os sabores peruanos aos cariocas.

Em São Paulo, cidade onde está localizada a maior comunidade de japoneses fora do Japão, o ceviche foi recebido com mais facilidade, já que não havia muita barreira ao peixe cru. Em 2004, foi inaugurado o nipo--peruano (já extinto) Shimo e, no ano seguinte, o Rinconcito Peruano, no centro da cidade, um restaurante voltado para a comunidade e de muito sucesso. Em 2005, os paulistanos conheceram os ceviches tradicionais mexicanos por influência da Casa dos Cariris, da cozinheira Lourdes Hernández Fuentes, e do Obá Restaurante. Mais recente ainda é a leva de restaurantes peruanos que a cidade ganhou em 2009, com a abertura do Killa Novoandino e do La Mar Cebicheria Peruana. Um pouco depois, o Suri Ceviche Bar trouxe novos sabores latino-americanos ao ceviche.

Como havíamos dito, o ceviche viu os restaurantes latino-americanos se espalharem pelo Brasil e depois saiu porta afora. Atualmente não está mais só presente em casas específicas, mas se transformou em uma receita comum em restaurantes variados, contemporâneos e de outras nacionalidades, como a japonesa. Chefs prestigiados, como Alex Atala, Flávia Quaresma, Bel Coelho e Carla Pernambuco, têm versões do prato em seus restaurantes. E, quem diria, agora tem até um livro sobre o prato, o primeiro feito para o público brasileiro, que vai ajudar leitores, cozinheiros experientes ou de primeira viagem a se soltar na cozinha e experimentar todos esses sabores mágicos atribuídos ao ceviche. Achamos que é possível dizer que, enfim, o ceviche conquistou o seu devido lugar no maior país latino-americano, o único que faltava se render a ele.

REFERÊNCIAS BIBLIOGRÁFICAS

DECOLA, Jean. *La vida cotidiana en el Perú en tiempo de los españoles 1710-1820*. Buenos Aires: Librería Hachette, 1962.

FUENTES, Manuel Atanasio. *Lima, apuntes históricos, descriptivos, estadísticos y de costumbres*. Paris: Firmim–Didiot, 1867.

ROMERO, Victor Manuel Gonzáles. *Cebiche, origen, mitos y verdades*. Lima: Editatú, 2007.

Torne-se um cevicheiro!

Nas páginas a seguir, você encontrará trinta receitas de ceviches com diferentes influências e propostas. Seis delas são tradicionais em países onde o prato tem grande importância: Peru, Chile, Equador, México e Colômbia. Entre as receitas típicas, há também uma da Polinésia, que, curiosamente, tem um prato tradicional preparado com a mesma técnica do ceviche. As demais receitas são criações do chef Dagoberto Torres, muitas já servidas com sucesso em seu restaurante, e outras criadas exclusivamente para este livro.

Além das receitas dos ceviches, serão apresentados os modos de preparo dos acompanhamentos ideais para cada um deles. São propostas de refeições completas e únicas, mas é claro que improvisos e invenções são bem-vindos. Faz parte da alma do ceviche! Você pode inovar nos ingredientes, na apresentação do prato – ele fica lindo tanto em copinhos de acrílico como em louças mais refinadas – e na hora de servir (cai muito bem em festas, *happy hour*, à beira da piscina e no almoço de domingo. E por que não servir em uma data tradicional para variar?).

Tudo o que você precisa saber para fazer as receitas de ceviche – e todas as que você inventar – estão nas páginas a seguir. No capítulo "Manual do cevicheiro" está explicado passo a passo como limpar peixes, cozinhar frutos do mar, manipular pimenta e todo o pré-preparo que é essencial para facilitar a sua vida e valorizar o seu ceviche.

O número de porções de cada receita foi pensado de acordo com o rendimento dos ingredientes e considerando uma sugestão de ocasião para servir que tenha a ver com a personalidade do ceviche: algumas são para duas pessoas, perfeitas para encontros românticos; outras para quatro, ótimas para jantares; e há também as que servem seis, oito ou até dez porções, que indicamos para reunir os amigos. Esses são apenas palpites; você pode adaptar facilmente cada uma das receitas usando o bom senso e seguindo algumas dicas.

Depois de ler este livro, convidamos você a inventar suas próprias versões do prato. Aprender a fazer ceviche é uma oportunidade de descobrir novos peixes favoritos, pimentas que não conhece, muitas possibilidades de combinação dos temperos...

Pesquise os peixes e os frutos do mar mais frescos do dia e explore os recursos locais. Aventure-se!

Manual do cevicheiro

PARA LER ANTES DE COMEÇAR
A PREPARAR O SEU CEVICHE!

AS MELHORES DICAS:

» Um bom cevicheiro tem sempre à mão uma faca bem afiada, limão, sal e pimenta. Daí para a frente, você pode fazer o que quiser!

» Peixe caro não é sinônimo de mais saboroso. Tem peixes que vão surpreendê-lo muito mais do que o robalo!

» Se for trabalhar as pimentas sem utilizar luvas, evite passar a mão no rosto e, mais importante ainda, vá ao banheiro antes! Não ria, esquecer essa dica pode causar um verdadeiro acidente.

» Enquanto estiver fazendo o *mise en place*, mantenha os peixes e os frutos do mar refrigerados. Eles se deterioram rapidamente.

» Coloque o sal primeiro! Isso é importante para que ele penetre nas fibras dos peixes e dos frutos do mar. Se não colocado no início, o limão sela a carne do peixe e não deixa o sal ser absorvido.

» A bebida que melhor acompanha o ceviche é a cerveja. Antes, durante e depois.

PEIXES E PIMENTAS PARA O CEVICHE

Ótimos peixes

Na hora de escolher os peixes, converse com seu peixeiro de confiança e pergunte quais são os da temporada. Dessa forma, é mais provável que você consiga pescados bem frescos. Prefira os de carne firme e de pouca fibra.

Sugerimos garoupa, corvina, porquinho, cioba, charel, pargo, congrio, namorado, cabrita, pescada-branca, tilápia, tucunaré, badejo, pintado, serra, salmão, atum.

Ótimas pimentas

As pimentas brasileiras não deixam nada a desejar em relação às suas vizinhas. Procure as que mais lhe agradam em grau de ardência, aroma ou sabor. E não tenha medo de provar e de se arriscar.

Recomendamos malagueta, dedo-de--moça, pitanga, bode, cumari, biquinho, pimenta-de-cheiro, chifre-de-veado, mulata, murupi, chora menino, jalapeño e habanero.

A IMPORTÂNCIA DO PRÉ-PREPARO: PASSO A PASSO

Antes de começar, é fundamental fazer o seu *mise en place*, ou seja, o pré-preparo de todos os ingredientes da receita. Isso fará com que cozinhar não se torne motivo de tensão, mas sim de diversão. A seguir, você aprenderá a fazer os principais passos iniciais. Se preferir comprar os peixes e os frutos do mar já limpos, peça para o peixeiro. O importante é que eles estejam bem frescos.

COMO LIMPAR peixe

Com ajuda de uma faca ou de um escamador, tire as escamas do peixe.

Em seguida, faça um corte na vertical, começando por trás da cabeça e seguindo até a espinha.

Depois, faça um corte ao longo do dorso do peixe com a faca paralela à espinha dorsal.

Corte agora a parte inferior do peixe, começando pelo rabo e seguindo até a espinha dorsal.

Com ajuda da faca, desprenda o filé de sua espinha dorsal, começando do rabo em direção à cabeça. Repita o mesmo procedimento do outro lado do peixe.

Coloque o filé com a pele sobre a tábua e insira a faca entre a carne e a pele, em sua parte mais fina. Segure a pele com a mão e deslize a faca até o outro lado. Com uma pinça, retire as espinhas que ficaram no filé.

COMO LIMPAR **camarão**

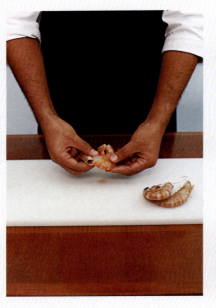
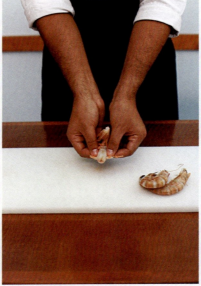

O primeiro passo é retirar a cabeça do camarão com as mãos.

Usando as mãos, abra a carcaça pelo abdômen e retire também o rabo.

Faça um leve corte na parte superior do camarão e retire a sujeira.

COMO COZINHAR camarão

Em uma panela com água fervente e um pouco de sal, coloque os camarões (dentro de uma peneira) e deixe-os cozinhar por 15 segundos. Retire-os da água e passe-os em água gelada para interromper a cocção.

COMO LIMPAR lula

Separe a cabeça da lula segurando o corpo com uma mão e puxando os tentáculos com a outra.

Corte os tentáculos logo abaixo dos olhos e descarte a cabeça.

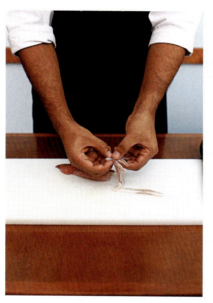 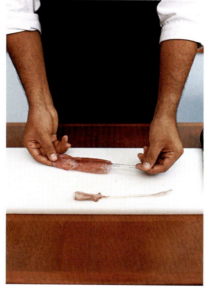 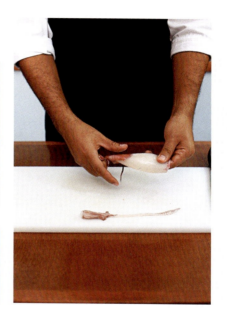

Localize o bico que fica no centro dos tentáculos e também dispense-o.

Ache a pena rígida que se encontra no interior do tubo (é uma haste dura que fica na parede do corpo da lula), retire-a e verifique se não ficaram resíduos dentro do tubo.

Retire a membrana externa do tubo começando pela parte superior e seguindo até as nadadeiras.

COMO COZINHAR lula

Corte os tubos em anéis e coloque-os em uma peneira.

Mergulhe-os em água fervente por 15 segundos, mexendo-os para que cozinhem por igual.

Escorra-os e mergulhe-os em água gelada para interromper a cocção.

COMO LIMPAR **polvo**

Lave bem o polvo com cuidado para que não fiquem resíduos em suas ventosas. Retire a cabeça fazendo um corte entre as zonas dos tentáculos e dos olhos.

Retire o bico que fica no centro dos tentáculos. Os tentáculos estão prontos para serem cozidos.

Para limpar a cabeça, que pode ser usada para recheios e cozidos, vire-a para o lado contrário e retire as vísceras.

Com uma faca, corte a parte onde ficam os olhos.

COMO COZINHAR polvo

Em uma panela, coloque para ferver 3 litros de água, 2 colheres (sopa) de vinagre e 1 colher (sopa) de sal. Segure o polvo com a ajuda de um pegador e mergulhe-o por 5 segundos na água fervente.

Retire-o e repita a operação. Esse procedimento fará com que a pele não se desprenda durante a cocção.

Na sequência, mergulhe-o novamente e deixe-o cozinhar de 40 a 50 minutos, dependendo de seu tamanho. Para saber se está pronto, espete-o e verifique se está macio.

COMO LIMPAR E COZINHAR vôngoles

Coloque os vôngoles frescos em salmoura por 15 minutos (utilize 2 litros de água e 3 colheres [sopa] de sal para cada quilo de vôngole). Retire-os da solução e coloque-os em água fervente por aproximadamente 5 minutos.

Escorra-os, espere esfriar e, em seguida, tire-os das conchas com cuidado. Os vôngoles que não abrirem devem ser descartados.

COMO LIMPAR E COZINHAR mexilhões

Lave bem os mexilhões com água abundante e com uma escova dura para tirar a areia e os resíduos que possam estar nas conchas. Retire a rebarba com ajuda de uma faca. Em uma panela com água (3 centímetros de altura de água), coloque uma cebola e uma folha de louro para aromatizar. Leve ao fogo médio. Quando começar a ferver, adicione os mexilhões e tampe. Deixe cozinhar entre 8 e 10 minutos.

Retire-os do fogo, coe e descarte os que não abrirem.

COMO ABRIR E LIMPAR ostras

 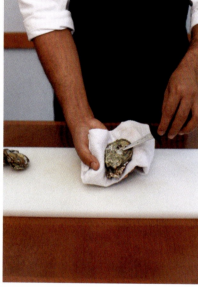 

Lave bem as ostras com água abundante e com uma escova dura para tirar a areia e os resíduos que possam estar nas conchas. Segure a ostra com um pano para proteger a mão e coloque-a com a parte plana para cima. Insira uma faca pequena ou um abridor de ostra em uma das dobradiças da concha em direção à parte mais larga.

Com um leve movimento, corte o músculo abdutor que prende as valvas da concha. Ela abrirá automaticamente.

Retire a parte superior da concha.

COMO ABRIR E LIMPAR vieiras

Lave bem as vieiras com água abundante e com uma escova dura para tirar a areia e os resíduos que possam estar nas conchas. Segure a vieira com um pano para proteger a mão e insira uma faca pequena ou um abridor de ostras no espaço entre as duas conchas.

Para abrir, passe a faca entre as duas partes das conchas. Retire a parte superior.

Com ajuda de uma faca, retire com cuidado os órgãos que se encontram ao redor de seu músculo (coral, brânquias, intestino, etc.). O coral tem um gosto um pouco mais forte, mas também pode ser usado em menor proporção dentro dos ceviches ou ainda em outras receitas.

Separe a vieira da concha. Se desejar, guarde as conchas para servir o ceviche.

COMO CORTAR **cebola** EM PLUMAS

Corte as extremidades da cebola.

Em seguida, corte-a ao meio, no sentido do comprimento, e descasque-a.

Vire a cebola com o lado plano para a tábua e faça cortes finos no mesmo sentido que as linhas da cebola.

★ ★ ★
Dica: se desejar cortar a cebola e guardá-la por algumas horas até a preparação do ceviche, deixe-a de molho em água dentro da geladeira. Isso evitará sua oxidação.

COMO CORTAR cebola EM JULIANA

Corte as extremidades da cebola e descasque-a.

Em seguida corte-a ao meio, no sentido de seu comprimento.

Vire a cebola para o lado plano e corte tiras finas no sentido contrário às suas linhas.

COMO CORTAR cenoura OU OUTROS vegetais EM JULIANA

Descasque a cenoura (ou a abobrinha, por exemplo).

Corte-a em fatias.

Em seguida, empilhe as fatias e corte-as em tiras finas. Se você não tiver prática, comece cortando uma por uma.

COMO LIMPAR **pimenta**

Corte o cabo da pimenta e, com uma faca, divida-a ao meio.

Com uma colher, raspe as sementes e a placenta (parte branca onde ficam as sementes). É essa parte que dá ardência à pimenta. Quando for utilizá-la inteira, é porque espera-se um sabor mais ardido.

★ ★ ★

Dica: se desejar usar pimenta seca, não há problema. Pode colocá-la diretamente no ceviche.

O clássico e seus primos

O ceviche peruano é, para algumas pessoas, a receita original, mas isso não impede que cada país tenha o seu próprio ceviche tradicional. É o que acontece no Chile, no Equador, na Colômbia e no México. Até na Polinésia, tão distante da América Latina, mas cuja costa fica no oceano Pacífico, há um prato típico feito com a mesma técnica utilizada no preparo do ceviche.

Clássico peruano

Esta é a tradicional e onipresente receita de ceviche peruano. Seja nos mercados, nas barracas de rua ou em restaurantes, o modo de preparo e os ingredientes são quase sempre os mesmos. Quando há variações, o que muda são os peixes ou os frutos do mar. É acompanhado, em geral, por milho cozido, em rodelas ou em grãos, mandioca cozida ou camote, uma deliciosa batata-doce local de cor alaranjada.

Tempo de preparo: 30 minutos
Rendimento: 2 porções

INGREDIENTES

Milho cozido
» 1 espiga de milho
» ½ ℓ de água
» 1 pitada de sal

Batata-doce cozida
» 1 batata-doce
» ½ ℓ de água
» 1 pitada de sal

Ceviche
» 280 g de peixe branco
» 1 colher (café) de sal
» ¼ de pimenta dedo-de-moça cortada em rodelas bem finas
» 2 pedras de gelo
» ⅓ de xícara (chá) de suco de limão
» ¼ de cebola roxa cortada em plumas (p. 54)
» 6 folhas de coentro picadas

★ ★ ★ ★ ★

Curiosidade: há quem ainda se atenha à maneira como o ceviche era feito no Peru antigamente, quando o peixe ficava marinando no limão por algumas horas.

MODO DE PREPARO

Milho cozido
Corte a espiga de milho em rodelas e cozinhe-as em água com uma pitada de sal por cerca de 20 minutos. Tire-as do fogo, escorra e reserve.

Batata-doce cozida
Descasque a batata-doce e corte-a em bastões. Coloque-os em uma panela com água fria e com uma pitada de sal. Leve ao fogo e, quando a água começar a ferver, deixe cozinhar por mais 10 minutos. Tire do fogo, escorra e reserve.

Ceviche
Corte o peixe em cubos de aproximadamente 2 centímetros e coloque-os em uma tigela grande. Adicione o sal e a pimenta dedo-de-moça e misture bem. Depois junte o gelo e o suco de limão para começar o processo de cocção. Acrescente a cebola e o coentro e mexa continuamente por 4 minutos. Prove e adicione um pouco de água, se necessário, para equilibrar a acidez. Por último, acerte o sal. Sirva com os bastões de batata-doce e as rodelas de milho.

★ ★ ★

Dica: quando for cozinhar tubérculos, comece a cocção com água fria para que cozinhem por igual.

Clássico chileno

Este é um dos ceviches mais tradicionais do Chile, preparado com peixe picado bem miúdo. Ao chegar a uma cevicheria nesse país, é provável que o encontre já pronto. Lá, muitas vezes o peixe fica marinando a noite inteira na geladeira e só é servido no dia seguinte. Pão ou bolachas de água e sal são os acompanhamentos oficiais do ceviche chileno.

Tempo de preparo: 20 minutos
Rendimento: 6 porções pequenas

INGREDIENTES

» 420 g de peixe branco
» 1 ½ colher (café) de sal
» ¼ de pimenta dedo-de-moça verde finamente picada
» 1 pitada de pimenta-do-reino
» 3 pedras de gelo
» ⅓ de xícara (chá) de suco de limão
» ½ cebola branca finamente picada
» 10 folhas de coentro picadas
» ½ pimentão verde cortado em cubos pequenos
» 1 colher (café) de óleo vegetal
» Pão ou bolachas de água e sal para acompanhar

MODO DE PREPARO

Corte o peixe em cubinhos bem miúdos, quase como um tartar. Coloque-os em uma tigela, acrescente o sal, a pimenta dedo-de-moça verde e a pimenta-do-reino e misture. Junte o gelo e o suco de limão, a cebola, o coentro, o pimentão e o óleo. Mexa continuamente. O ceviche chileno é um dos que costumam cozinhar por mais tempo. Ele pode ficar marinando na geladeira de 10 a 15 minutos. Sirva acompanhado de pão ou bolachas de água e sal.

Equatoriano de camarão

O ceviche de camarão é um dos mais tradicionais do Equador. Semelhante a uma sopa fria de tomate, a receita tem caldo feito com ketchup e sucos de limão e de laranja. Uma de suas particularidades é o molho à base de cebola, limão e cubos de tomate curtidos que é preparado previamente e depois agregado ao camarão. Para acompanhar, siga a tradição: pipocas!

Tempo de preparo: 30 minutos
Rendimento: 1 porção grande ou 2, se servido como entrada

INGREDIENTES

» ½ cebola roxa pequena cortada em juliana (p. 55)
» ½ xícara de suco de limão
» ½ tomate cortado em cubos pequenos
» 160 g de camarões médios cozidos (p. 43)
» 2 pedras de gelo
» 1 colher (sopa) de ketchup
» 6 folhas de coentro picadas
» ½ xícara (chá) de suco de laranja
» 1 colher (café) de sal
» 1 pitada de pimenta-do-reino
» ½ colher (sopa) de azeite
» Pipoca, o equivalente a 3 colheres (sopa) de milho, já preparada

MODO DE PREPARO

Em uma tigela, misture a cebola, o limão e o tomate e deixe-os curtir por 2 minutos. Em seguida, acrescente os camarões, o gelo, o ketchup, o coentro, o suco de laranja, o sal e a pimenta--do-reino. Misture continuamente por 4 minutos e finalize com o azeite. Sirva acompanhado pela pipoca.

★ ★ ★ ★ ★

Curiosidades: em algumas regiões do Equador, o camarão é cozido por mais tempo, cerca de 10 minutos, para que o caldo de cocção fique mais forte. Em seguida, esse caldo é agregado ao ceviche para dar mais sabor. O prato muitas vezes também leva mostarda em sua preparação e, por mais incrível que pareça, não costuma levar ají. Além da pipoca, pode ser acompanhado por milho tostado, patacón, arroz branco ou chips de banana.
Outra receita muito comum no país é o ceviche de conchas negras, molusco amplamente encontrado no Equador, no Peru e no sul da Colômbia.

Cartagenero

Esta é uma receita típica das ruas de Cartagena, na Colômbia. Parece o clássico coquetel de camarão, mas com algumas diferenças: este ceviche leva outros frutos do mar, como vôngoles e ostras, e é temperado com coentro e molho de pimenta.
Ele é quase sempre acompanhado por patacones, que são discos de banana-da-terra crocantes, ou por bolachas de água e sal.

Tempo de preparo: 40 minutos
Rendimento: 4 porções

INGREDIENTES

Patacones
» 1 banana-da-terra verde
» 1 ℓ de óleo
» 1 pitada de sal

Ceviche
» 8 ostras frescas pequenas e limpas (p. 51)
» 200 g de camarão cozido (p. 43)
» 100 g de vôngoles cozidos e sem casca (p. 49)
» 1 ½ colher (café) de sal
» 1 colher (chá) de molho de pimenta vermelha tipo tabasco
» ¼ de xícara (chá) de suco de limão
» ¼ de xícara (chá) de suco de laranja
» 1 cebola roxa pequena finamente picada
» 8 folhas de coentro picadas
» 1 ½ colher (sopa) de maionese
» 3 colheres (sopa) de ketchup
» 3 pedras de gelo
» ½ colher (sopa) de conhaque

MODO DE PREPARO

Patacones
Descasque a banana-da-terra e corte-a em 10 rodelas. Em uma frigideira, aqueça o óleo até que ele fique bem quente. Baixe o fogo e frite as rodelas de banana por 10 minutos. Tire-as do fogo e esmague-as sobre uma tábua com a ajuda de um socador ou de um prato até que fiquem com meio centímetro de altura. Volte a fritá-las para que fiquem bem crocantes. Adicione uma pitada de sal e reserve.

Ceviche
Retire as ostras das conchas e coloque-as em uma tigela com os camarões e com os vôngoles. Adicione o sal, o molho de pimenta e o suco de limão. Junte os demais ingredientes e misture continuamente por 4 minutos. Acerte o sal e sirva com os patacones.

Aguachile mexicano

Esta é uma variante do ceviche muito comum no México. A receita leva camarões crus marinados no suco de limão, o que faz com que o crustáceo tenha uma textura muito diferente, bem suave. Tequila e mezcal são acompanhamentos essenciais para este prato.

Tempo de preparo: 40 minutos
Rendimento: 6 porções

INGREDIENTES

» 30 camarões grandes limpos e crus (p. 42)
» ½ xícara de suco de limão
» ½ pepino cortado em fatias finas
» 1 ½ colher (café) de sal
» 1 cebola roxa pequena cortada em juliana (p. 55)
» 8 folhas de coentro picadas
» ½ pimenta jalapeño verde finamente picada
» ½ abacate cortado em fatias finas

MODO DE PREPARO

Faça um corte tipo borboleta nos camarões (corte-os na vertical pela barriga, resultando em duas metades iguais). Disponha-os num prato plano, tempere com sal e regue com suco de limão. Em seguida, acrescente a cebola roxa, a pimenta, o coentro e o pepino. Leve a mistura à geladeira por 15 minutos. Retire-a da geladeira e finalize com o abacate.

Poisson cru

Receita típica da Polinésia feita com a mesma técnica do ceviche, ou seja, marinando o peixe cru no suco do limão. Mas com personalidade própria, é claro, principalmente no que diz respeito à combinação dos legumes e dos temperos.

Tempo de preparo: 20 minutos
Rendimento: 2 porções

INGREDIENTES

» 280 g de peixe branco
» 1 colher (café) de sal
» 1 dente de alho picado bem fino
» ½ pimenta dedo-de-moça verde finamente picada
» 3 pedras de gelo
» ⅓ de xícara (chá) de suco de limão
» ½ cebola branca cortada em juliana (p. 55)
» ½ cenoura cortada em juliana (p. 56)
» ¼ de pepino cortado em rodelas bem finas
» 1 talo de cebolinha picado
» ½ xícara de leite de coco

MODO DE PREPARO

Corte o peixe em lâminas finas e coloque-as em uma travessa. Tempere com sal, alho e pimenta dedo-de-moça verde. Em uma tigela, coloque os demais ingredientes e misture. Jogue esse preparo sobre o peixe, finalize com a cebolinha e sirva.

Para os marinheiros de primeira viagem

As receitas a seguir, criadas pelo chef Dagoberto Torres, são indicadas para quem nunca fez um ceviche ou não tem muita familiaridade com a cozinha da América Latina. No entanto, não tenha dúvida: se são mais fáceis de fazer, não são menos deliciosas. Pode servi-las para amigos ou para um possível pretendente sem erro. Ninguém nunca vai acreditar que você é iniciante.

Mandarina

Neste ceviche, dois peixes diferentes disputam o papel principal: a corvina e o atum. Eles trazem à cena uma interessante variedade de cores e texturas. É uma receita bem refrescante, por conta da tangerina, além de ser ousada na mistura do coentro com o manjericão.

Tempo de preparo: 20 minutos
Rendimento: 2 porções

INGREDIENTES

» 140 g de corvina
» 140 g de atum
» 1 colher (café) de sal
» ½ pimenta jalapeño cortada em rodelas bem finas
» 2 pedras de gelo
» ⅓ de xícara (chá) de suco de limão
» ¼ de xícara (chá) de suco de tangerina
» ½ cebola roxa pequena cortada em plumas (p. 54)
» 12 folhas de manjericão inteiras
» 6 folhas de coentro picadas
» 8 pimentas-biquinho cortadas ao meio
» 8 bolachas de água ou outra bolacha de sua preferência

MODO DE PREPARO

Corte a corvina e o atum em cubos de aproximadamente 2 centímetros. Coloque-os em uma tigela com o sal e com a pimenta jalapeño. Adicione o gelo, o suco de limão e o suco de tangerina para começar o processo de cocção. Sempre mexendo, acrescente a cebola roxa, o manjericão, o coentro e as pimentas-biquinho. Misture continuamente por 4 minutos. Prove e, se necessário, junte um pouco de água para nivelar a acidez e acerte o sal. Acompanhe o ceviche com as bolachas de água.

★ ★ ★ ★ ★

Curiosidades: mesmo o coentro sendo a erva aromática oficial do ceviche, o prato também combina com manjericão, menta e hortelã, entre outras. Misturá-los sempre produz efeitos inusitados!

A pimenta-biquinho é uma espécie brasileira de pimenta que não tem praticamente nada de ardência e é muito doce e aromática. Ela é ótima para preparar vinagretes e saladas e acompanhar carnes, peixes e farofas.

Thai

Como um ceviche pode ganhar sabores tailandeses? Esta receita leva ingredientes emblemáticos da Tailândia, como a manga verde, o nam pla e o coentro. Sem falar no arroz, cereal essencial de lá que aqui, na forma de bolachas, vira o acompanhamento perfeito. A distância geográfica, neste prato, torna-se mero detalhe.

Tempo de preparo: 20 minutos
Rendimento: 2 pessoas

INGREDIENTES

» 280 g de peixe branco
» 1 colher (café) de sal
» ¼ de pimenta dedo-de-moça cortada em rodelas finas
» ½ colher (sopa) de nam pla
» ½ colher (sopa) de vinagre de arroz
» 2 pedras de gelo
» ¼ de xícara (chá) de suco de limão
» ¼ de cebola roxa em plumas (p. 54)
» ⅓ de manga verde cortada em fatias finas
» 6 folhas de coentro picadas
» 6 bolachas de arroz

MODO DE PREPARO

Corte o peixe em cubos de 2 centímetros, coloque-os em uma tigela e tempere com sal e pimenta dedo-de-moça. Junte o nam pla e o vinagre de arroz e mexa. Adicione o gelo e o suco de limão para começar o processo de cocção. Sem parar de mexer, acrescente a cebola roxa, a manga e o coentro. Misture continuamente por 4 minutos. Se necessário, junte um pouco de água para nivelar a acidez e acerte o sal. Sirva com as bolachas de arroz.

★ ★ ★ ★ ★

Curiosidades: o nam pla é um molho tailandês feito à base de peixe, fermentado por até 2 anos e utilizado com muita frequência nas receitas tradicionais da Tailândia. Tem a mesma importância na culinária local que o molho de soja tem na culinária do Japão. De sabor acentuado, ele é usado para salgar os pratos. É encontrado em lojas de produtos orientais.

As bolachas de arroz são amplamente consumidas na Ásia. Aqui, são encontradas facilmente em supermercados e empórios de produtos orientais.

Del Santo

O prato foi batizado com este nome por ter, como estrela, o capim-santo. A receita é perfeita para quem aprecia ceviches apenas de peixes. Traz sabores delicados como o da pimenta-de-cheiro e o da pimenta-rosa.

Tempo de preparo: 40 minutos
Rendimento: 4 porções

★ ★ ★ ★ ★

Curiosidade: a pimenta-de-cheiro é uma espécie brasileira pouquíssimo picante, salvo raras exceções, que merece ser usada por causa de seu sabor. No entanto, antes de acrescentá-la a uma receita, certifique-se de que, de fato, ela não é picante. Se arder, pode usá-la mesmo assim, mas, no caso deste ceviche, deixe de lado a malagueta.

INGREDIENTES

Azeite de capim-santo
» 100 ml de azeite
» 2 talos de capim-santo

Chips de inhame
» 200 g de inhame
» 1 l de óleo
» 1 pitada de sal

Ceviche
» 560 g de peixe branco
» 2 colheres (café) de sal
» 2 pimentas-de-cheiro cortadas em rodelas bem finas
» ½ pimenta-malagueta finamente picada
» 4 pedras de gelo
» ½ xícara de suco de limão
» ½ cebola roxa em plumas (p. 54)
» 10 folhas de coentro picadas
» 1 colher (sopa) de azeite de capim-santo
» ½ colher (chá) de pimenta-rosa

★ ★ ★

Dica: você também pode usar o azeite aromatizado com capim-santo para temperar saladas, peixes grelhados e legumes cozidos.

MODO DE PREPARO

Azeite de capim-santo
Esmague os talos de capim-santo com a ajuda de um socador para que comecem a liberar seu aroma. Dobre os talos e coloque-os em uma panela pequena. Cubra-os com o azeite e leve ao fogo baixo até o azeite começar a borbulhar. Retire-os do fogo, tampe a panela e deixe esfriar.

Chips de inhame
Lave bem os inhames e, com uma faca, raspe as impurezas da casca. Lamine--os com a ajuda de uma mandolina. Frite em óleo quente até que fiquem dourados e crocantes. Tempere com uma pitada de sal e reserve.

Ceviche
Corte o peixe em cubos de 2 centímetros e coloque-os em uma tigela com o sal, a pimenta-de-cheiro e a pimenta-malagueta. Junte o gelo e o suco de limão para começar o processo de cocção. Mexa e acrescente a cebola roxa, o coentro e o azeite de capim-santo. Misture continuamente por 4 minutos. Experimente e, se necessário, despeje um pouco de água para nivelar a acidez e acerte o sal. Esmague os grãos de pimenta-rosa sobre uma tábua para desmanchá-los em pequenos pedaços; use-os para finalizar o prato. Sirva o ceviche com os chips de inhame.

Para os piratas

Já pegou o jeito de fazer ceviche? Está se sentindo ousado?
Aventure-se por estas receitas e por estes sabores inventados
para surpreender. A recompensa é preciosa.

Tierra y mar

A extravagância deste ceviche está na mistura do peixe com o bacon, pois um provém do mar e o outro da terra. Embora uma combinação assim seja rara no Brasil, ela é muito comum nos demais países latino-americanos e em algumas culturas europeias e orientais.

Tempo de preparo: 30 minutos
Rendimento: 2 porções

INGREDIENTES

» 50 g de bacon
» 280 g de atum
» 1 colher (café) de sal
» ¼ de pimenta-malagueta finamente picada
» 2 pedras de gelo
» ⅓ de xícara (chá) de suco de limão
» 6 folhas de coentro picadas
» 2 talos de cebolinha picados (somente a parte verde)
» 3 colheres (sopa) de coalhada seca
» 10 tomates cereja
» 10 unidades de tortilhas fritas

MODO DE PREPARO

Corte o bacon em cubos bem pequenos. Frite-os em uma frigideira em fogo baixo até que fiquem crocantes. Coe para tirar o excesso de gordura e reserve. Corte o atum em cubos de 2 centímetros, coloque-os em uma tigela média e tempere-os com o sal e com a pimenta. Em seguida, adicione o gelo e o suco de limão para começar o processo de cocção; misture delicadamente. Sem parar de mexer, adicione o coentro, a cebolinha, a coalhada seca e os tomates cereja cortados pela metade – é importante misturar até o molho ficar homogêneo, por cerca de 4 minutos. Acrescente a água para equilibrar a acidez e acerte o sal. Salpique o bacon por cima do ceviche e sirva com as tortilhas.

★ ★ ★ ★ ★

Curiosidades: entre as receitas tradicionais que misturam carnes, peixes e frutos do mar estão a paella espanhola, o lombo de porco com amêijoas português, o vitello tonnato (clássico prato italiano de vitela com molho de atum), o famoso e norte-americano filé-mignon com lagosta e o macarrão chop suey chinês.

É comum no México, e em outros países, como o Equador, coar o líquido da marinada antes de servir o ceviche e dispensar o caldo, que é considerado muito ácido.

Tigarah

A imigração japonesa no Brasil, entre muitas outras contribuições, trouxe a cultura de comer peixes crus, o que foi importantíssimo para o sucesso do ceviche no país. Foi também pelos japoneses que conhecemos o pastel de feira. O Tigarah homenageia essa importante influência por meio dos cogumelos, das ovas de capelin e até pelos pastéis de vento, aqui servidos como acompanhamento. Em tempo: Tigarah é uma cantora japonesa cuja música foi influenciada pelo *funk* carioca.

Tempo de preparo: 1 hora
Rendimento: 4 porções

★ ★ ★ ★ ★

Curiosidade: as ovas de capelin, também chamadas de massagô, possuem cores vivas, textura crocante e sabor forte, porém menos intenso do que o caviar. Elas são encontradas com facilidade em alguns supermercados e empórios orientais.

INGREDIENTES

Pastéis de vento
» 150 g de massa de pastel
» 1 ℓ de óleo

Cogumelos salteados
» ¾ de xícara de cogumelos paris
» ¾ de xícara de shimeji
» ½ colher (sopa) de azeite
» 1 pitada de sal
» 1 pitada de pimenta-do-reino

Ceviche
» 280 g de peixe branco
» 120 g de polvo cozido e cortado em rodelas (p. 48)
» 120 g de camarão cozido (p. 43)
» 2 colheres (café) de sal
» ⅓ de pimenta dedo-de-moça finamente picada
» ½ xícara (chá) de suco de limão
» 3 cubos de gelo
» Cogumelos salteados
» 1 colher (sopa) de ciboulette picada
» ¾ de cebola roxa cortada em plumas (p. 54)
» 3 colheres (café) de ovas de capelin ou de massagô

MODO DE PREPARO

Pastéis de vento
Preaqueça o óleo em uma panela funda. Corte quadrados da massa de pastel. Umedeça as bordas com água e dobre-os ao meio. Feche-os com a ajuda de um garfo. Frite-os de ambos os lados até que fiquem dourados. Reserve.

Cogumelos salteados
Preaqueça uma frigideira. Fatie os cogumelos paris e separe o shimeji com as mãos. Despeje o azeite na frigideira e salteie os cogumelos e o shimeji com uma pitada de sal e pimenta-do-reino até que fiquem bem dourados. Tire-os da frigideira e reserve.

Ceviche
Corte o peixe em cubos de 2 centímetros e coloque-os em uma tigela junto com o polvo e os camarões. Tempere com o sal e com a pimenta dedo-de-moça. Coloque o suco de limão e o gelo para iniciar o processo de cocção do peixe. Adicione também os cogumelos salteados, a ciboulette e a cebola roxa. Misture continuamente por 4 minutos. Se necessário, acrescente um pouco de água para equilibrar a acidez e acerte o sal. Finalize com as ovas de capelin. Sirva com os pastéis de vento.

Chifa

Chifa é a o nome da culinária que surgiu da fusão das cozinhas peruana e chinesa. Por não encontrarem todos os ingredientes de seus pratos típicos no país para o qual imigraram, os chineses se viram obrigados a fazer substituições. Assim iniciou-se uma troca que beneficiou ambos os lados. Ingredientes como o molho de soja, o gergelim e o gengibre passaram a ser muito consumidos no Peru, enquanto os ajíes passaram a ser encontrados em receitas chinesas. As particularidades dessa culinária estão manifestadas neste ceviche no molho de tamarindo, no gengibre, no gergelim torrado e no molho de soja.

Tempo de preparo: 60 minutos
Rendimento: 4 porções

INGREDIENTES

Tempura de batata-doce
» 1 batata-doce
» ½ ℓ de água
» 1 pitada de sal
» 1 ovo
» 2 colheres (sopa) de farinha de trigo
» 1 colher (sopa) de amido de milho
» ½ xícara de leite
» 1 ℓ de óleo

Molho de tamarindo
» 1 cebola branca pequena
» 2 dentes de alho esmagados
» 1 colher (sopa) de gengibre fatiado
» 200 g de polpa de tamarindo
» ½ xícara (chá) de água
» 2 colheres (sopa) de molho de soja
» 1 colher (chá) de açúcar

Ceviche
» 280 g de peixe branco
» 120 g de lula cozida cortada em anéis (p. 46)
» 120 g de camarão cozido (p. 43)
» 2 colheres (café) de sal
» ⅓ de pimenta dedo-de-moça em rodelas
» 4 cubos de gelo
» ⅓ de xícara (chá) de suco de limão
» 5 colheres (sopa) de molho de tamarindo
» 1 ½ colher (chá) de gergelim torrado
» 2 colheres (chá) de ciboulette picada

MODO DE PREPARO

Tempura de batata-doce
Descasque a batata-doce, corte-a em bastões e cozinhe com água e uma pitada de sal. Em um bowl, misture todos os outros ingredientes com a ajuda de um batedor e reserve na geladeira por meia hora. Passado esse tempo, preaqueça o óleo e passe os bastões de batata-doce na mistura previamente preparada. Frite-os até que fiquem dourados. Retire-os e escorra o excesso de óleo. Reserve.

Molho de tamarindo
Em uma panela funda refogue, sem azeite ou óleo, a cebola, o alho e o gengibre em fogo bem baixo (acrescentar gordura aqui pode deixar o molho pesado). Mexa-os até que a cebola fique transparente. Adicione os demais ingredientes e deixe reduzir pela metade. Coe e reserve na geladeira.

Ceviche
Corte o peixe em cubos de 2 centímetros e coloque-os em uma tigela. Acrescente o camarão e a lula. Junte o sal, a pimenta e misture bem. Adicione o gelo e o suco de limão para começar o processo de cocção. Mexa e acrescente o molho de tamarindo, o gergelim e a ciboulette. Misture continuamente por 4 minutos. Prove e, se necessário, acrescente um pouco de água para nivelar a acidez. Acerte o sal. Sirva o ceviche com a tempura de batata-doce.

Azteca

Este ceviche tem o nome de uma das principais civilizações pré-colombianas que viveu na região onde atualmente é o México. A receita reúne ingredientes muito utilizados na culinária desse país, como o abacate, o pimentão e a pimenta, além dos totopos, ou tortilhas de milho fritas, que sempre acompanham os pratos típicos mexicanos. Lá é hábito queimar a pele das pimentas e dos pimentões, o que ressalta os sabores e os deixa com um gosto adocicado e levemente defumado.

Tempo de preparo: 50 minutos
Rendimento: 4 porções

★ ★ ★ ★ ★

Curiosidades: a tortilha é uma paixão nacional mexicana e aparece na maioria dos pratos do país, assumindo o papel de protagonista, no caso dos tacos e tostadas, ou de acompanhamento, como os totopos. Atualmente é fácil encontrá-las em supermercados no Brasil.

INGREDIENTES

Molho de pimentões
» 2 pimentões vermelhos
» 3 colheres (sopa) de azeite
» ¼ de cebola branca picada
» 2 dentes de alho esmagados
» ½ colher (café) de pimenta-do-reino
» ¼ de xícara (chá) de leite de coco

Ceviche
» 280 g de peixe branco
» 120 g de camarão cozido (p. 43)
» 120 g de lula cozida cortada em anéis (p. 44)
» 2 colheres (café) de sal
» ½ pimenta dedo-de-moça em rodelas
» 4 colheres (sopa) do molho de pimentões
» 4 pedras de gelo
» ½ xícara (chá) de suco de limão
» 1 cebola roxa pequena cortada em plumas (p. 54)
» 10 folhas de coentro picadas
» ¼ de abacate em cubos
» 100 g de tortilhas de milho fritas

MODO DE PREPARO

Molho de pimentões
Queime a pele dos pimentões no fogo e coloque-os dentro de um saco plástico fechado por cerca de 5 minutos. Isso fará com que a pele se desprenda com mais facilidade. Depois corte-os em pedaços e tire as sementes. Reserve. Em uma frigideira, refogue a cebola branca e o alho com o azeite e a pimenta-do-reino. Acrescente os pimentões já cortados e o leite de coco. Cozinhe por 2 a 3 minutos. Em seguida, retire do fogo e bata no liquidificador. Coe e reserve.

Ceviche
Corte o peixe em cubos de 2 centímetros. Em uma tigela, junte o peixe, o camarão e a lula. Adicione o sal, a pimenta dedo-de-moça, o molho de pimentões e misture bem. Em seguida, coloque o gelo e o suco de limão para começar o processo de cocção do peixe. Acrescente a cebola roxa, o coentro e mexa continuamente por 4 minutos. Experimente e, se necessário, acrescente água gelada para equilibrar a acidez e acerte o sal. Junte delicadamente os cubos de abacate na hora de servir. Sirva o ceviche com tortilhas de milho fritas.

Para uma farra entre amigos

Há ceviches – ou variantes da receita – que combinam muito com uma noite de festa, ou mesmo com um futebol na televisão. Além de serem pratos "animados", parece que pedem a companhia de cerveja, caipirinha e o que mais a imaginação mandar.

Manjubinhas encevichadas

O encevichado é uma variante do ceviche que não depende da cocção nos cítricos. Nele, um molho à base de limão, que geralmente leva cebola roxa e pimenta, é agregado a peixes ou outros tipos de carne já prontos. Nesse caso, o peixe é a manjubinha frita, um clássico das praias brasileiras, que, ao ser "encevichada", ganha sotaque *espanõl*. Ele pode – e deve – ser acompanhado ainda por uma maionese temperada com alho ou pimenta. Sem falar na cerveja gelada, é claro, que é a bebida ideal para servir com o ceviche.

Tempo de preparo: 50 minutos
Rendimento: 1 porção que serve 3 pessoas

INGREDIENTES

Para temperar as manjubinhas
» 1 dente de alho bem picado
» 1 pitada de pimenta-do-reino
» ½ colher (café) de sal

Para empanar e fritar as manjubinhas
» ¾ de xícara de cereal de milho em flocos sem açúcar
» ½ xícara de amido de milho
» 300 g de manjubinhas
» 1 ℓ de óleo

Ceviche
» 1 cebola roxa pequena cortada em plumas (p. 54)
» 1 pimenta dedo-de-moça em rodelas
» 10 folhas de coentro picadas
» ½ xícara (chá) de suco de limão
» 1 colher (café) de sal
» Manjubinhas empanadas e fritas

MODO DE PREPARO

Empanar e fritar as manjubinhas
Corte a cabeça das manjubinhas, faça um corte abdominal em cada uma delas e retire as espinhas. Tempere-as com o alho, a pimenta-do-reino e o sal. Deixe-as reservadas por 10 minutos. Coloque o óleo para aquecer. Separadamente, moa o cereal de milho com a ajuda de um processador (ou mesmo um socador, se tiver paciência) até obter uma farinha bem fina. A essa farinha acrescente o amido de milho e utilize a mistura para empanar as manjubinhas. Tire o excesso e frite-as por 3 a 4 minutos em óleo bem quente, ou até que fiquem douradas.

Ceviche
Em uma tigela, coloque a cebola, a pimenta, o coentro, o suco de limão, o sal e mexa bem. Acrescente as manjubinhas e misture delicadamente. Prove e, se necessário, adicione um pouco de água para equilibrar a acidez. Acerte o sal e sirva o ceviche.

★ ★ ★

Dica: é possível encontrar as manjubinhas já limpas em supermercados ou peixarias.

Macarena

Este ceviche tem clima tropical e festeiro: é muito fresco e um pouquinho adocicado por causa das frutas. Pouca gente sabe que "Macarena" não é só o nome da música que fez enorme sucesso nos anos 1990, mas também se refere à María Santísima de la Esperanza Macarena, padroeira da cidade de Sevilha, na Espanha, e a Virgem dos Toureiros.

Tempo de preparo: 60 minutos
Rendimento: 4 porções

INGREDIENTES

Chips de mandioquinha
» 1 mandioquinha
» 1 ℓ de óleo
» 1 pitada de sal

Ceviche
» 280 g de peixe branco
» 120 g de camarão cozido (p. 43)
» 120 g de polvo cozido e cortado em rodelas (p. 48)
» 2 colheres (café) de sal
» ½ pimenta dedo-de-moça vermelha cortada em rodelas bem finas
» 4 pedras de gelo
» ⅓ de xícara (chá) de suco de limão
» ¾ de cebola roxa cortada em plumas (p. 54)
» ½ manga cortada em cubos pequenos
» ¼ de pepino cortado em cubos pequenos
» 10 folhas de coentro picadas
» ⅓ de xícara de suco de laranja

MODO DE PREPARO

Chips de mandioquinha
Lave bem a mandioquinha. Lamine-a com a ajuda de uma mandolina. Frite as lâminas em óleo quente até que fiquem douradas e crocantes. Adicione uma pitada de sal e reserve.

Ceviche
Corte o peixe em cubos de aproximadamente 2 centímetros e coloque-os em uma tigela junto com o camarão e o polvo. Adicione o sal, a pimenta e, em seguida, o gelo e o suco de limão. Sempre mexendo, acrescente a cebola, a manga, o pepino, o coentro e o suco de laranja. Misture continuamente por 4 minutos. Prove e adicione um pouco de água, se necessário, para equilibrar a acidez. Acerte o sal e sirva o ceviche com os chips de mandioquinha.

Picadito Playero

Picadito, nesta outra forma de servir ceviche, sugerida pelo chef, tem dois significados: o peixe é picado, quase como um tartar, e o prato foi pensado para ser "picado", ou seja, petiscado. Esta receita, que tem um jeito oriental – é agridoce e picante! –, fica uma delícia servida como um canapé no patacón, que, também conhecido como tostón, é um acompanhamento amplamente consumido em diversos países da América Latina, como Colômbia, Peru, Equador, Porto Rico e Cuba.

Tempo de preparo: 40 minutos
Rendimento: 10 porções pequenas

INGREDIENTES

» 200 g de atum
» 1 colher (café) de sal
» ½ colher (sopa) de molho de pimenta sriracha (abaixo)
» 1 ½ colher (sopa) de sweet chilli (abaixo)
» ½ colher (sopa) de gengibre em conserva picado
» 3 pedras de gelo
» ¼ de xícara de suco de limão
» ½ cebola roxa cortada em plumas
» ½ colher (sopa) de maionese
» 12 folhas de coentro picadas
» Patacones

MODO DE PREPARO

Corte o atum em cubos bem pequenos, de aproximadamente 0,5 centímetro de lado. Coloque-os em uma tigela junto com todos os outros ingredientes. Misture continuamente por dois minutos. Como o atum tem cocção muito rápida, é importante que o processo seja ágil, e não em etapas, como costuma ser a preparação dos ceviches. Se necessário, equilibre a acidez com um pouco de água e acerte o sal. Para servir, disponha pequenas quantidades do ceviche sobre os patacones (p. 67), como se fossem canapés.

★ ★ ★ ★ ★

Curiosidades: sriracha é um molho de pimenta bem picante, de origem tailandesa, encontrado em casas de produtos orientais.

Sweet chilli é um molho de pimenta agridoce de origem asiática perfeito para acompanhar camarão, frango, porco e frituras. Ele é encontrado em empórios de produtos orientais.

Para o dia seguinte

Quando a noite foi longa, entregue-se aos poderes revitalizantes do ceviche. As receitas a seguir são ideais para ajudar a recuperar o ânimo.

Bomba

Para um colombiano, *bomba* é uma gíria tradicional que se refere a alimentos muito energéticos, que ajudam a levantar o ânimo e o espírito, a curar a ressaca ou a ficar mais forte. Pode ser um caldo, um suco ou um ceviche. A maioria das cevicherias do país oferece sempre sua versão do bomba, geralmente uma combinação de vários tipos de frutos do mar e boas pimentas.

Tempo de preparo: 60 minutos
Rendimento: 4 porções

INGREDIENTES

» 1 cebola roxa cortada em plumas (p. 54)
» ½ xícara (chá) de suco de laranja
» 10 ostras pequenas limpas (p. 51)
» 80 g de vôngoles cozidos e sem casca (p. 49)
» 120 g de camarão cozido (p. 43)
» 280 g de peixe branco
» 2 colheres (café) de sal
» 1 ½ pimenta-cumari picada em rodelas bem finas
» 4 pedras de gelo
» ½ xícara (chá) de suco de limão
» ½ pimentão vermelho cortado em fatias bem finas
» 10 folhas de coentro picadas
» ½ xícara de leite de coco

MODO DE PREPARO

Coloque a cebola já cortada em água fervente por 30 segundos e depois deixe-a de molho no suco de laranja. Reserve. Tire cuidadosamente as ostras de suas conchas e coloque-as em uma tigela. Acrescente os vôngoles, os camarões e o peixe cortado em cubos e tempere com o sal e a pimenta-cumari. Em seguida, junte o gelo e o suco de limão para começar o processo de cocção. Sempre mexendo, acrescente a cebola com o suco de laranja, o pimentão e o coentro. Junte o leite de coco aos poucos (é importante não parar de mexer para não talhar) e siga misturando por 4 minutos. Prove e adicione água, se necessário, para equilibrar a acidez e acerte o sal. Sirva o ceviche com patacones (p. 67).

★ ★ ★ ★ ★

Curiosidade: em toda a América Latina, é comum encontrar ceviches e suas variantes com nomes debochados, que quase sempre brincam com o poder afrodisíaco e reparador do prato. Os venezuelanos Rompe Colchón, Mata Suegra e 7 Potências, além do mexicano Vuelve à la Vida, são alguns exemplos.

★ ★ ★

Dica: atualmente, na maioria das peixarias, você encontra o vôngole já cozido e sem casca.

De la casa

Esta receita é uma unanimidade entre os sócios e os funcionários do restaurante do chef, por isso o nome. Traz salmão, camarão e lula em uma emulsão suave de abacate. Embora os brasileiros estejam acostumados a consumi-lo em vitaminas ou cremes doces, nos países vizinhos ele é mais utilizado como acompanhamento de pratos salgados.

Tempo de preparo: 30 minutos
Rendimento: 4 porções

INGREDIENTES

Chips de banana
» 1 banana-da-terra verde ou banana-nanica
» 1 ℓ de óleo
» 1 pitada de sal

Emulsão de abacate
» ¼ de abacate grande
» ½ colher (sopa) de suco de limão
» 1 colher (sopa) de azeite
» ½ xícara (chá) de leite de coco
» 3 colheres (sopa) de água

Ceviche
» 320 g de filé de salmão
» 120 g de camarão cozido (p. 43)
» 120 g de lula cozida cortada em anéis (p. 46)
» 2 colheres (café) de sal
» ½ pimenta dedo-de-moça cortada em tiras finas
» ¾ de xícara da emulsão de abacate
» 4 cubos de gelo
» ½ xícara (chá) de suco de limão
» 2 colheres (sopa) de cebola branca finamente picada
» 10 folhas de coentro picadas

★ ★ ★
Dica: existem bons chips de banana já prontos que são vendidos em mercados de quase todo o país.

MODO DE PREPARO

Chips de banana
Lamine a banana com a ajuda de uma mandolina. Frite as lâminas em óleo quente até que fiquem douradas. Escorra bem e adicione uma pitada de sal. Reserve.

Emulsão de abacate
Em um liquidificador, bata todos os ingredientes da emulsão por 10 a 15 segundos. Reserve na geladeira.

Ceviche
Corte o salmão em cubos de 2 centímetros e coloque-o em uma tigela junto com o camarão e a lula. Tempere com o sal e a pimenta dedo-de-moça. Acrescente a emulsão de abacate e mexa bem. Junte o gelo e o suco de limão para começar o processo de cocção do salmão. Sem parar de misturar, adicione também a cebola e o coentro. Mexa continuamente por 4 minutos. Prove e, se necessário, coloque um pouco de água para equilibrar a acidez e acerte o sal. Sirva o ceviche com os chips de banana.

★ ★ ★ ★ ★
Curiosidade: o salmão é um peixe de carne delicada e que cozinha muito rápido. Molhos mais densos, como a emulsão de abacate, têm a vantagem de atrasar sua cocção e evitar que ele perca sua textura.

Máncora

Este ceviche é para os fãs de mexilhões. O molho de tomates e cebolas assadas dá ao prato um sabor suave e adocicado, tão bom que virou homenagem à praia lindíssima da Máncora que fica no norte do Peru, na região de Piúra.

Tempo de preparo: 60 minutos
Rendimento: 4 porções

INGREDIENTES

Ninhos de banana
» 1 banana-da-terra verde
» 1 ℓ de óleo
» 1 pitada de sal

Molho de tomate assado
» ½ colher (sopa) de azeite
» 4 tomates bem maduros
» ½ pimentão vermelho
» ¼ de cebola branca
» 1 colher (café) de açúcar
» 1 pitada de sal
» 1 pitada de pimenta-do-reino
» ¼ de pepino japonês sem casca
» ½ colher (sopa) de vinagre de maçã

Ceviche
» 280 g de peixe branco
» 120 g de camarão cozido (p. 43)
» 8 mexilhões cozidos e sem casca (p. 50)
» 2 colheres (café) de sal
» 1 pimenta-cumari finamente picada
» 5 colheres (sopa) do molho de tomate assado
» 4 pedras de gelo
» ½ xícara (chá) de suco de limão
» ½ xícara (chá) de suco de laranja
» ½ cebola roxa cortada em plumas (p. 54)
» 10 folhas de coentro picadas

MODO DE PREPARO

Ninhos de banana
Descasque a banana e, com a ajuda de um descascador, faça lâminas. Em seguida, corte cada uma delas em tiras fininhas. Monte pequenos ninhos com as tiras e frite-os em óleo quente. Escorra, acrescente uma pitada de sal e reserve.

Molho de tomate assado
Unte uma assadeira com o azeite. Coloque os tomates cortados ao meio, a cebola cortada e o pimentão. Salpique por cima o açúcar, o sal e a pimenta-do-reino. Leve-os ao forno preaquecido a 150 ºC por 20 minutos. Tire do forno e bata no liquidificador com o pepino e o vinagre. Coe o molho e reserve.

Ceviche
Corte o peixe em cubos de 2 centímetros e coloque em uma tigela grande, junto com os camarões e os mexilhões inteiros. Tempere-os com o sal e a pimenta-cumari. Em seguida, adicione o molho de tomate e misture bem. Acrescente o gelo, o suco de limão e o suco de laranja para começar o processo de cocção do peixe. Adicione a cebola roxa e o coentro, mexendo continuamente por 4 minutos. Prove e junte um pouco de água, se necessário, para equilibrar a acidez. Acerte o sal e sirva o ceviche com os ninhos de banana.

Para cozinhar
e comer a dois

Os ceviches por si só são afrodisíacos. As receitas a seguir, além disso, têm musas inspiradoras, sejam lugares únicos ou mulheres lindas. Quer algo melhor do que isso?

Playa Blanca

Grande parte dos países do Caribe tem uma "Praia Branca", geralmente a mais bela de toda a costa, e esta é uma homenagem a todas elas. Este ceviche é bastante suave e aromático; predominam os sabores do leite de coco, da laranja e da hortelã.

Tempo de preparo: 30 minutos
Rendimento: 2 porções

INGREDIENTES

» 140 g de peixe branco
» 80 g de vieiras limpas (p. 52)
» 80 g de lula cozida e cortada em anéis (p. 46)
» 1 colher (café) de sal
» ½ pimenta dedo-de-moça cortada em tiras finas
» 3 pedras de gelo
» ⅓ de xícara de suco de limão
» ⅓ de xícara de suco de laranja
» ¼ de cebola roxa cortada em plumas (p. 54)
» ¼ de xícara de leite de coco em temperatura ambiente
» 6 folhas de coentro picadas
» 6 folhas de hortelã picadas

MODO DE PREPARO

Corte o peixe em cubos e junte-os em uma tigela com as vieiras, a lula, o sal e a pimenta dedo-de-moça. Misture-os e acrescente o gelo e o suco de limão para iniciar o processo de cocção do peixe. Despeje o suco de laranja, a cebola, a hortelã, o coentro e, aos poucos, o leite de coco, mexendo continuamente para não talhar, por cerca de 4 minutos. Prove e, se necessário, adicione um pouco de água para equilibrar a acidez. Acerte o sal e sirva o ceviche com chips de mandioquinha (p. 94).

La Doncella

Doncella é o nome que se dá ao pintado das Amazônias peruana e colombiana. A palavra também quer dizer "donzela" ou "moça virgem e solteira". Este ceviche é feito com um molho verde delicado e aromático, de coentro, gengibre e leite de coco, que também é delicioso para acompanhar peixes grelhados.

Tempo de preparo: 30 minutos
Rendimento: 2 porções

INGREDIENTES

Molho verde

» ½ colher (chá) de azeite
» ¼ de cebola branca picada
» 1 dente de alho esmagado
» 1 colher (sopa) de gengibre picado
» 1 pitada de pimenta-do-reino
» ⅓ de xícara de leite de coco
» 10 folhas de coentro picadas

Ceviche

» 280 g de pintado
» 1 colher (café) de sal
» ½ pimenta dedo-de-moça cortada em rodelas bem finas
» ¼ xícara do molho verde
» 2 pedras de gelo
» ¼ xícara (chá) de suco de limão
» ¼ de cebola roxa cortada em plumas
» 1 tomate cortado em fatias finas

MODO DE PREPARO

Molho verde

Em uma frigideira, refogue a cebola e o alho no azeite até que a cebola fique translúcida e o alho solte seu aroma. Acrescente o gengibre, a pimenta-do--reino e mexa bem. Junte o leite de coco e misture por mais 2 minutos. Retire do fogo, bata no liquidificador com as folhas de coentro, coe o molho e reserve.

Ceviche

Corte o pintado em cubos e coloque em uma tigela. Adicione o sal e a pimenta dedo-de-moça. Junte o molho verde e mexa bem. Acrescente o gelo e o suco de limão para começar o processo de cocção do peixe. Acrescente a cebola roxa e o tomate e continue mexendo por 4 minutos. Experimente e, se necessário, adicione um pouco de água para nivelar a acidez. Acerte o sal. Sirva o ceviche com chips de banana (p. 102).

Goa

Um ceviche de sabores indianos, como os inseparáveis curry e arroz (aqui, encontrado nas tortilhas). Goa é o nome de uma das praias mais belas e famosas da Índia.

Tempo de preparo: 50 minutos
Rendimento: 2 pessoas

★ ★ ★

Dica: apesar de o curry mais popular no Brasil ser o amarelo em pó, já é possível encontrar, em bons mercados e empórios gourmets, curry verde e vermelho, que são feitos com misturas de especiarias diferentes.

INGREDIENTES

Tortilhas fritas de arroz
» 1 colher (sopa) de azeite
» ½ tomate picado em cubos bem pequenos
» 1 talo de cebolinha finamente picado
» 2 ovos
» 2 xícaras (chá) de arroz já pronto
» 1 pitada de sal

Molho de *curry* verde
» 1 colher (sopa) de *curry* verde em pó ou em pasta
» 1 talo de capim-santo
» ¼ de xícara (chá) de leite de coco

Ceviche
» 140 g de peixe branco
» 60 g de camarão cozido
» 60 g de lula cozida e cortada em anéis (p. 46)
» 1 colher (café) de sal
» ¼ de pimenta bode cortada em tiras finas
» 2 pedras de gelo
» ¼ de xícara de suco de limão
» 2 colheres (sopa) de molho de curry verde
» ¼ de cebola roxa cortada em plumas (p. 54)
» 4 folhas de coentro picadas
» 2 colheres (sopa) de leite de coco

MODO DE PREPARO

Tortilhas fritas de arroz
Com a metade do azeite, refogue o tomate e a cebolinha e adicione a pitada de sal. Acrescente à mesma panela o arroz, mexa e retire do fogo rapidamente. Adicione os ovos, misture bem e reserve. Aqueça uma frigideira antiaderente com o azeite. Com a ajuda de uma colher, espalhe a mistura sobre toda a superfície da frigideira, fazendo uma panqueca de aproximadamente 1 centímetro de altura. Doure em fogo baixo os dois lados da tortilha. Tire do fogo, corte em triângulos e reserve.

Molho de curry verde
Em uma panela pequena, ponha o curry verde. Esmague o talo de capim-santo para que libere aroma e também coloque-o na panela. Acrescente o leite de coco, misture bem e leve ao fogo médio até começar a ferver. Retire do fogo, tampe e deixe o molho descansar por 30 minutos. Reserve a mistura.

Ceviche
Corte o peixe em cubos de 2 centímetros e coloque-os em uma tigela com o camarão e a lula. Tempere com o sal e a pimenta. Junte o gelo e o suco de limão, para começar o processo de cocção do peixe, e mexa bem. Adicione o molho de curry verde, a cebola roxa, o coentro e o leite de coco, sem parar de mexer, para o peixe cozinhar por igual e o leite de coco não talhar. Misture continuamente por 4 minutos. Experimente e coloque, se necessário, um pouco de água para equilibrar a acidez e acerte o sal. Sirva o ceviche com as tortilhas fritas de arroz.

Acandi

Para os que gostam de se aventurar em combinações inusitadas, este é o ceviche ideal. Aqui a técnica e mesmo alguns ingredientes latino-americanos se encontram com sabores característicos da culinária francesa, como a mostarda de Dijon e o creme de leite fresco. O resultado não é só surpreendente, é delicioso.

Tempo de preparo: 30 minutos
Rendimento: 2 porções

INGREDIENTES

Molho de mostarda e pimentão
» 1 pimentão amarelo
» 1 colher (sopa) de azeite
» ¼ de cebola branca picada
» 2 dentes de alho esmagados
» 1 ½ colher (sopa) de mostarda de Dijon
» 1 colher (chá) de vinagre de maçã
» 1 pitada de pimenta-do-reino
» 3 colheres (sopa) de água

Ceviche
» 2 colheres (sopa) de milho cozido
» 280 g de peixe branco
» 1 colher (café) de sal
» ¼ de pimenta-pitanga finamente picada
» 2 colheres (sopa) do molho de mostarda e pimentão
» 1 colher (sopa) de creme de leite fresco
» 3 pedras de gelo
» ¼ de xícara de suco de limão
» ½ cebola roxa cortada em plumas (p. 54)
» 8 folhas de coentro picadas
» ¼ de abacate maduro

MODO DE PREPARO

Molho de mostarda e pimentão
Queime a pele do pimentão no fogo. Em seguida, coloque-o em um saco plástico, feche-o e guarde-o por 5 minutos na geladeira. Isso fará com que a pele se solte com facilidade. Tire a pele do pimentão e as sementes e corte-o em pedaços grandes. Em uma frigideira, refogue a cebola e o alho no azeite. Acrescente o pimentão e a mostarda de Dijon. Mexa. Adicione o vinagre, a pimenta-do-reino e a água e deixe a mistura cozinhar por mais 3 minutos. Espere esfriar por alguns minutos, bata no liquidificador, coe e reserve o molho na geladeira.

Ceviche
Em uma frigideira bem aquecida, doure os grãos de milho cozidos até que fiquem bem torradinhos. Não é preciso usar óleo nem manteiga. Reserve. Corte o peixe em cubos de 2 centímetros e coloque-os em uma tigela. Tempere com o sal e a pimenta-pitanga. Junte o molho de mostarda e pimentão, o creme de leite e misture bem. Acrescente o gelo e o suco de limão para começar o processo de cocção. Mexa e adicione a cebola, o coentro e o milho. Misture por 4 minutos. Experimente e, se necessário, coloque um pouco de água para equilibrar a acidez e acerte o sal. Corte o abacate em cubos grandes e misture delicadamente. Sirva o ceviche com chips de banana (p. 102).

Para comer chorando

Os mais picantes de todos, portanto os mais potentes e calorosos. Ardem na língua do jeito que a gente gosta.

Tiradito Chingón

Tiradito é uma variante do ceviche criada pelos japoneses que chegaram ao Peru no fim do século XIX. Nela, o peixe é cortado em tiras, como sashimi, e marinado por menos tempo. Esta receita de tiradito mistura a acidez do molho de tomates verdes e o sabor defumado do chipotle. O resultado é algo *chingón*, que no México, além de ser um palavrão, é também uma expressão usada entre amigos para algo muito bom, maravilhoso.

Tempo de preparo: 30 minutos
Rendimento: 4 porções

★ ★ ★ ★ ★
Curiosidade: da união das cozinhas peruana e japonesa surgiu a culinária conhecida como Nikkei, que tem o tiradito como uma de suas receitas mais emblemáticas. Como explicado anteriormente, no tiradito o peixe é cortado em tiras. Outra particularidade é o fato de não levar cebola crua – diz-se que isso se deve à influência dos executivos de Lima, que queriam comer ceviche na hora do almoço, mas temiam ficar com mau hálito.

INGREDIENTES

Molho de tomate verde
» 2 colheres (sopa) de azeite
» ¼ de cebola branca finamente picada
» 1 dente de alho esmagado
» 3 tomates verdes picados em cubos bem pequenos
» 1 pitada de pimenta-do-reino
» ½ colher (café) de sal

Tiradito
» 480 g de peixe branco

Marinada de chipotle
» 2 pedras de gelo
» 1 colher (sopa) de molho de pimenta chipotle
» 1 colher (café) de sal
» ¼ de xícara (chá) de suco de limão
» 2 colheres (sopa) de água gelada

Para montar
» 2 talos de cebolinha fatiados bem fino
» 8 folhas de coentro picadas
» 1 pimenta dedo-de-moça sem sementes e finamente picada
» 1 pitada de sal marinho ou sal grosso
» 100 g de tortilhas de milho fritas

★ ★ ★
Dica: o molho de pimenta chipotle é feito à base de jalapeños defumados. Hoje em dia ele é facilmente encontrado em supermercados, na parte das pimentas ou produtos mexicanos.

MODO DE PREPARO

Molho de tomate verde
Em uma frigideira, refogue a cebola e o alho no azeite até que comecem a caramelizar. Acrescente o tomate verde picado, a pimenta-do-reino e o sal. Cozinhe por 10 minutos no fogo médio, apague e deixe esfriar por pelo menos 15 minutos em temperatura ambiente. Reserve o molho.

Tiradito
Corte o peixe em lâminas finas, na diagonal, e disponha sobre um prato plano previamente resfriado. Reserve na geladeira até acabar de fazer o molho de chipotle.

Marinada de chipotle
Em um bowl, junte todos os ingredientes do molho e misture-os bem. Reserve.

Montagem
Retire o prato com o peixe da geladeira. Por cima, espalhe a marinada de chipotle e depois o molho de tomate verde. Finalize com a cebolinha, o coentro, a pimenta dedo-de-moça e o sal. Sirva o tiradito com tortilhas de milho fritas.

Kimchi

Esta receita tem inspirações orientais. O kimchi, conserva que dá nome ao prato, é feito de acelga ou outros vegetais fermentados com pimenta, além de outros temperos, como alho, gengibre e rabanete, e faz parte do dia a dia dos coreanos, sendo consumido praticamente em todas as refeições. Ele é responsável pelo sabor intenso do ceviche e combina muito bem com o crocante do macarrão de arroz frito.

Tempo de preparo: 20 minutos
Rendimento: 2 porções

INGREDIENTES

Macarrão de arroz frito
» 30 g de macarrão de arroz fino tipo bifum
» 1 ℓ de óleo
» 1 pitada de sal

Ceviche
» 140 g de peixe branco
» 140 g de camarão cozido (p. 43)
» 1 colher (café) de sal
» 1 colher (sopa) de sriracha
» 2 colheres (sopa) de kimchi
» 3 pedras de gelo
» ⅓ de xícara (chá) de suco de limão
» ¼ de cebola roxa cortada em plumas (p. 54)
» 8 folhas de coentro picadas

MODO DE PREPARO

Macarrão de arroz frito
Preaqueça o óleo. Quando estiver bem quente, frite o macarrão por 30 segundos. Escorra-o, adicione uma pitada de sal e reserve.

Ceviche
Corte o peixe em cubos de 2 centímetros e coloque-os em uma tigela junto com os camarões. Corte o kimchi em pedaços menores e acrescente-o à tigela, assim como o sal e a pimenta sriracha. Adicione o gelo e o suco de limão para iniciar o processo de cocção do peixe e acrescente a cebola e o coentro. Misture continuamente por 4 minutos. Prove e, se necessário, coloque um pouco de água para equilibrar a acidez e acerte o sal. Sirva o ceviche com o macarrão de arroz frito.

★ ★ ★
Dica: sriracha (molho de pimenta bem picante de origem tailandesa) e kimchi são encontrados em casas de produtos orientais.

Guayas

Este ceviche é para aqueles que gostam de pratos mais fortes e potentes, por causa da combinação do alho frito com o molho de pimenta amarela. Trata-se de uma homenagem a Guayas, um lendário guerreiro equatoriano que teria lutado contra os conquistadores espanhóis ao lado de sua mulher, Quil. Diz a lenda que foi a combinação do nome deles que deu origem ao nome da maior cidade do país, Guayaquil.

Tempo de preparo: 60 minutos
Rendimento: 4 porções

INGREDIENTES

Mandioca cozida
» 150 g de mandioca
» ½ ℓ de água
» 1 colher (café) de sal

Molho de pimenta amarela
» 1 pimentão amarelo
» 4 colheres (sopa) de azeite
» 2 dentes de alho esmagados
» ¼ de cebola roxa picada
» 1 pitada de pimenta-do-reino
» 3 pimentas dedo-de-moça amarelas
» 1 colher (sopa) de vinagre

Ceviche
» 280 g de peixe branco
» 160 g de polvo cozido e em rodelas (p. 48)
» 120 g de lula cozida e cortada em anéis (p. 46)
» 2 colheres (café) de sal
» ¼ de pimenta dedo-de-moça vermelha sem sementes, cortada em tiras
» 3 colheres (sopa) de molho de pimenta amarela
» 4 pedras de gelo
» ½ xícara (chá) de suco de limão
» ¾ de cebola roxa em plumas (p. 54)
» 10 folhas de coentro picadas
» ½ colher (sopa) de alho frito (encontrado pronto em mercados)

MODO DE PREPARO

Mandioca cozida
Descasque a mandioca e corte-a em bastões médios, de 4 a 5 centímetros. Cozinhe-os em fogo médio com o sal até a mandioca ficar macia. Escorra e reserve.

Molho de pimenta amarela
Queime a pele do pimentão no fogo. Em seguida, coloque-o em um saco plástico, feche-o e deixe-o por 5 minutos dentro da geladeira. Isso fará com que a pele do pimentão saia com facilidade. Depois de retirada a pele, tire também as sementes do pimentão, assim como as da pimenta. Corte o pimentão em pedacinhos e as pimentas pela metade. Refogue o alho e a cebola no azeite com uma pitada de pimenta-do--reino. Adicione o pimentão e as pimentas ao refogado. Mexa, acrescente o vinagre e cozinhe por mais 5 minutos. Bata no liquidificador, coe o molho e reserve.

Ceviche
Corte o peixe em cubos de 2 centímetros e coloque-os em uma tigela grande junto com o polvo e a lula. Adicione o sal, a pimenta dedo-de-moça e misture-os. Acrescente o molho de pimenta amarela. Mexa e junte o gelo e o suco de limão para iniciar o processo de cocção. Em seguida, adicione a cebola roxa e o coentro e continue misturando por 4 minutos. Prove e acrescente um pouco de água, se necessário, para equilibrar a acidez e acerte o sal. Sirva o ceviche com a mandioca cozida e finalize com o alho frito.

Para quem não come cru

Não gostar ou não ter o hábito de comer peixe cru não é empecilho para experimentar o ceviche. Estas receitas levam frutos do mar previamente cozidos!

Camarones salteados

Este ceviche é uma delícia para comer sem acompanhamentos. Ou dentro de uma salada de folhas de endívia. Ou com praticamente todos os acompanhamentos presentes neste livro. É muito leve e tem um sabor agridoce único, resultado da mistura do mamão e do sweet chilli com o suco de limão.

Tempo de preparo: 20 minutos
Rendimento: 8 miniporções

INGREDIENTES

Para temperar os camarões
» 16 camarões médios crus e limpos (p. 42)
» 1 pitada de pimenta-do-reino
» 1 pitada de sal

Ceviche
» 1 colher (sopa) de azeite
» 1 colher (café) de sal
» ½ pimenta-malagueta finamente picada
» 1 ½ colher (sopa) de sweet chilli (p. 97)
» 3 pedras de gelo
» ¼ de xícara (chá) de suco de limão
» ½ cebola roxa cortada em plumas (p. 54)
» 2 talos de cebolinha finamente picados
» 6 folhas de coentro picadas
» ¼ de mamão papaia maduro
» 8 folhas de endívia

MODO DE PREPARO

Preaqueça uma frigideira. Tempere os camarões com a pimenta-do-reino e o sal. Acrescente o azeite e sele-os por 30 segundos de cada lado. Retire-os e deixe-os repousar por 5 minutos. Enquanto isso, corte o mamão em cubos de aproximadamente 0,5 centímetro e reserve. Em seguida, coloque os camarões em uma tigela junto com o sal, a pimenta-malagueta e o sweet chilli. Misture continuamente e adicione o gelo, o suco de limão, a cebola roxa, a cebolinha e o coentro. Depois acrescente o mamão e misture delicadamente por cerca de 4 minutos. Prove e adicione água para nivelar a acidez, se necessário, e acerte o sal. Monte pequenas porções sobre as folhas de endívia.

Torero

Se existisse um ceviche típico da Espanha, é possível que ele fosse assim: com polvo, pimentões, páprica doce e grão-de-bico (aqui, ele aparece frito e crocante!), ingredientes emblemáticos do país. A receita fica ainda mais gostosa se o polvo for preparado na brasa.

Tempo de preparo: 60 minutos
Rendimento: 4 porções

INGREDIENTES

Tomatinhos assados
» 20 tomates cereja
» 1 colher (sopa) de azeite
» 1 pitada de pimenta-do-reino
» 1 pitada de sal
» 1 pitada de açúcar

Grão-de-bico crocante
» 100 g de grão-de-bico cozido em conserva
» ½ ℓ de óleo
» 1 pitada de sal

Ceviche
» 1 pimentão vermelho
» 1 pimentão amarelo
» 400 g de polvo cozido inteiro (p. 48)
» ½ colher (sopa) de azeite
» 2 colheres (café) de sal
» 1 pimenta olho-de-peixe picada em rodelas bem finas
» ⅓ de xícara (chá) de suco de limão
» 2 pedras de gelo
» 20 tomatinhos assados
» ½ cebola roxa cortada em plumas (p. 54)
» 6 folhas de coentro
» 1 pitada de páprica doce

MODO DE PREPARO

Tomatinhos assados
Corte os tomatinhos pela metade e tempere-os com uma colher de azeite, a pimenta-do-reino, o sal e o açúcar. Coloque esses tomatinhos temperados em uma travessa e leve-os ao forno em fogo baixo por aproximadamente 20 minutos. Reserve.

Grão-de-bico crocante
Preaqueça o óleo. Escorra a água do grão-de-bico o máximo que conseguir. Frite os grãos até que fiquem crocantes e dourados. Adicione uma pitada de sal e reserve.

Ceviche
Queime a pele dos pimentões no fogo e coloque-os dentro de um saco plástico fechado para que a pele se desprenda. Deixe-os por 5 minutos na geladeira. Depois de eliminada a pele, retire as sementes e corte os pimentões em cubos bem pequenos. Em uma frigideira, doure o polvo inteiro com o azeite. Em seguida, corte-o em rodelas finas. Em uma tigela, junte os pimentões, as rodelas de polvo, o sal e a pimenta olho-de-peixe. Misture e adicione o suco de limão e o gelo. Acrescente os tomatinhos, a cebola e o coentro e continue mexendo por 4 minutos. Se necessário, adicione um pouco de água para equilibrar a acidez e acerte o sal. Finalize com a páprica doce e sirva o ceviche com o grão-de-bico crocante.

Vieiras douradas

Um ceviche não precisa ter uma inspiração única. Se você gosta de improviso, recorra às influências que desejar. Este, por exemplo, reúne sabores da Europa, da Ásia e da América. Um aspecto importante desta receita é que as vieiras são douradas antes do preparo do ceviche para intensificar seus sabores e trazer uma nova textura a elas, e o limão-siciliano completa a receita deixando-as perfumadas e frescas.

Tempo de preparo: 50 minutos
Rendimento: 2 porções

INGREDIENTES

Blinis de mandioca
» 100 g de mandioca
» 1 colher (sopa) de manteiga
» Sal a gosto
» 1 pitada de pimenta-do-reino
» 3 colheres (sopa) de leite
» ¼ de cebola branca picada bem fino

Para temperar as vieiras
» 200 g de vieiras grandes e limpas (p. 52)
» 1 pitada de sal
» 1 pitada de pimenta-do-reino

Ceviche
» ½ colher (sopa) de azeite
» 1 colher (café) de sal
» ½ pimenta bode finamente picada
» ½ colher (café) de wasabi em pasta
» 3 pedras de gelo
» 2 colheres (sopa) de suco de limão
» 1 colher (sopa) de suco de limão-siciliano
» ¼ de cebola roxa em plumas (p. 54)
» 4 folhas de salsinha picadas
» 1 palmito em conserva cortado em bastões

MODO DE PREPARO

Blinis de mandioca
Cozinhe a mandioca com água e o sal a gosto. Em uma frigideira, refogue a cebola com metade da manteiga. Em seguida, faça um purê utilizando a mandioca, o leite e o restante da manteiga. Acrescente a cebola, a pimenta-do-reino e acerte o sal. Monte pequenas panquecas e doure-as dos dois lados em uma frigideira antiaderente. Reserve.

Ceviche
Tempere as vieiras com uma pitada de sal e a pimenta-do-reino. Aqueça uma frigideira antiaderente e sele as vieiras com o azeite por 1 minuto de cada lado. Retire-as do fogo, coloque-as em uma tigela e adicione o sal, a pimenta bode e o wasabi. Junte o gelo, o suco dos limões e mexa bem. Acrescente a cebola roxa, a salsinha e o palmito e misture continuamente por 4 minutos. Junte um pouco de água, se necessário, para nivelar a acidez. Acerte o sal. Sirva o ceviche com os blinis de mandioca.

★ ★ ★

Dica: o ceviche também pode ser perfumado com outros tipos de cítricos, como o limão-siciliano, o limão rosa, o limão-cravo, a tangerina e a laranja.

Mediterrâneo

Por ter sabores mais familiares aos brasileiros, principalmente aos paulistanos, caso do tomate, do azeite e do manjericão, este ceviche é perfeito para aqueles que estão começando a se aventurar no universo do ceviche. Também é uma alternativa para quem não aprecia o coentro.

Tempo de preparo: 1 hora
Rendimento: 2 porções

INGREDIENTES

Tomates salteados
» 2 tomates
» ½ ℓ de água
» ½ colher (sopa) de azeite
» 2 dentes de alho picados bem fino
» 1 pitada de pimenta-do-reino
» 1 pitada de sal

Ceviche
» 80 g de polvo cozido e cortado em rodelas (p. 48)
» 80 g de lula cozida e cortada em anéis (p. 46)
» 80 g de camarão cozido (p. 43)
» 1 colher (café) de sal
» ½ colher (café) de pimenta calabresa
» 3 pedras de gelo
» ⅓ de xícara (chá) de suco de limão
» 10 folhas de manjericão
» 1 ½ colher (sopa) de cebola branca finamente picada
» ½ colher (sopa) de azeite
» 6 unidades de pão sueco ou outra torrada de sua preferência

MODO DE PREPARO

Tomates salteados
Em uma panela com água fervente, mergulhe os tomates por 20 segundos. Em seguida, passe-os para um recipiente com água e gelo para interromper o cozimento. Isso fará com que a pele se solte facilmente e eles permaneçam firmes. Tire a pele, corte-os em 4 pedaços e retire as sementes. Volte a cortar cada pedaço pela metade. Em uma frigideira, aqueça o azeite. Adicione o alho e refogue-os. Quando começar a dourar, junte os tomates com uma pitada de sal e de pimenta-do-reino. Mexa bem por 10 segundos, tire os tomates rapidamente do fogo e reserve.

Ceviche
Em uma tigela, adicione o polvo, o camarão e a lula. Tempere-os com o sal e a pimenta calabresa. Acrescente o gelo e o suco de limão e passe a mexê-los continuamente. Adicione os tomates salteados, o manjericão, a cebola, o azeite e misture continuamente por 4 minutos. Experimente e, se necessário, acrescente um pouco de água para equilibrar a acidez e acerte o sal. Sirva o ceviche com pão sueco.

Como um ceviche sem peixe pode ser um ceviche? Já nos fizemos muitas vezes essa pergunta e, mais uma vez, Alex Atala nos surpreendeu! O chef usou o "princípio" leite de tigre com as flores, adicionando seus sabores mais característicos: o quarteto limão, pimenta, cebola roxa e coentro, resultando em um caldo bem saboroso. Mas faltavam as notas de mar, que foram solucionadas com pó de algas na finalização. Alex queria que os vegetarianos pudessem ter a chance de provar o ceviche, e, sem dúvida, ele conseguiu. E o mel de jataí, uma abelha nativa do país, deu ainda mais brasilidade à receita, que traz flores como amor-perfeito, begônia, calêndula e capuchinha.

Ceviche de flores com vinagrete a flor de laranjeira

por Alex Atala

Tempo de preparo: 30 minutos
Rendimento: 4 porções

INGREDIENTES

Vinagrete
» 1 pimenta dedo-de-moça
» 150 mℓ de suco de limão
» 100 g de mel de jataí ou de abelha mansa
» 25 mℓ de água de flor de laranjeira

Pó de algas
» 20 g de alga codium desidratada
» 10 g de alga nori desidratada
» 10 g de alga wakame desidratada

Ceviche
» 20 g de ciboulette
» 80 g de pétalas de flores comestíveis variadas (por exemplo, amor-perfeito, begônia, calêndula, capuchinha, cravina, crisântemo e flor de borago)
» 20 g de cebola roxa cortada em juliana (p. 55)
» Gelo picado

MODO DE PREPARO

Vinagrete
Corte a pimenta dedo-de-moça em brunoise (ou seja, em cubos muito pequenos) e misture com os demais ingredientes. Reserve o vinagrete.

Pó de algas
Bata as algas em um mixer ou termomix até fazer um pó. Peneire e reserve até sua utilização.

Ceviche
Corte as pontas da ciboulette em pedaços de 3 centímetros e misture com as pétalas variadas. Depois, em um bowl, acrescente a cebola roxa e a ciboulette. Tempere com 3 colheres de vinagrete. Coloque o ceviche na travessa em que será servido e polvilhe o pó de algas por cima. Finalize espalhando umas pedrinhas do gelo picado sobre o ceviche.

ÍNDICE PASSO A PASSO

Camarão
    como limpar, 42
    como cozinhar, 43
Cebola
    em juliana, como cortar, 55
    em plumas, como cortar, 54
Cenoura ou outros vegetais
    em juliana, como cortar, 56
Lula
    como limpar, 44
    como cozinhar, 46
Mexilhões
    como limpar e cozinhar, 50
Ostras
    como abrir e limpar, 51
Peixe
    como limpar, 40
Pimenta
    como limpar, 57
Polvo
    como limpar, 47
    como cozinhar, 48
Vieiras
    como abrir e limpar, 52
Vôngoles
    como limpar e cozinhar, 49

ÍNDICE DE RECEITAS

Acandi, 115
Aguachile mexicano, 68
Azteca, 88
Bomba, 101
Camarones salteados, 127
Cartagenero, 67
Ceviche de flores com vinagrete a flor de laranjeira, 135
Chifa, 87
Clássico chileno, 62
Clássico peruano, 61
De la casa, 102
Del Santo, 79
Equatoriano de camarão, 65
Goa, 113
Guayas, 123
Kimchi, 120
La Doncella, 110
Macarena, 94
Máncora, 105
Mandarina, 75
Manjubinhas encevichadas, 93
Mediterrâneo, 132
Picadito Playero, 97
Playa Blanca, 109
Poisson cru, 70
Thai, 76
Tierra y mar, 83
Tigarah, 84
Tiradito Chingón, 119
Torero, 128
Vieiras douradas, 131

REFERÊNCIAS BIBLIOGRÁFICAS

ACURIO, Gastón. *Cebiche Power*. Lima: Planeta, 2011.

CISNEROS, A. *et al. Cebiches del Perú*. Lima: Gráfica Biblos, 2008.

JACKSON, C. J. *Peixes e frutos do mar, receitas clássicas e contemporâneas dos quatro cantos do planeta*. São Paulo: Publifolha, 2012.

RICKETTS, Luis Felipe Llosa (org.). *Cebiches & tiraditos*. Lima: Unimundo, 2011.

RODRIGUEZ, Douglas. *The Great Ceviche Book*. Nova York: Ten Speed Press, 2010.

VALDERRAMA, Mariano. *Rutas y sabores del cebiche*. Lima: Universidad de San Martín de Porres Fondo Editorial, 2008.

SOBRE OS AUTORES

DAGOBERTO TORRES é quem comanda a cozinha do Suri Ceviche Bar. Nascido em Chaparral, no interior da Colômbia, o chef se formou pelo Sena, prestigiada universidade pública de gastronomia de Bogotá. Depois de estagiar em diversos restaurantes em seu país, viajou pela América Latina em busca de referências e chegou a São Paulo, onde trabalhou no D.O.M antes de realizar o sonho de abrir sua cevicheria.

Jornalista formada pela Cásper Líbero, **PATRÍCIA MOLL** começou a trabalhar com gastronomia ainda na faculdade, como assistente do crítico Josimar Melo, da *Folha de S.Paulo*. Atualmente, é sócia da Coentro Comunica, agência de comunicação especializada na área gastronômica.

Este livro foi composto com as
fontes Minion e Stainless, impresso
em papel couché fosco 150g/m^2 no miolo,
nas oficinas da Eskenazi Indústria Gráfica.
Reimpresso em junho de 2016.